Astrid Shchekina-Greipel

Einfuhr nach Russland leicht gemacht

Worauf beim Exportgeschäft mit der Russischen Föderation zu achten ist

AUSSENHANDELSPOLITIK UND -PRAXIS

Herausgegeben von Prof. Dr. Jörn Altmann

ISSN 1614-3582

Astrid Shchekina-Greipel

EINFUHR NACH RUSSLAND
LEICHT GEMACHT

Worauf beim Exportgeschäft
mit der Russischen Föderation zu achten ist

ibidem-Verlag
Stuttgart

Bibliografische Information der Deutschen Nationalbibliothek
Die Deutsche Nationalbibliothek verzeichnet diese Publikation in der
Deutschen Nationalbibliografie; detaillierte bibliografische Daten sind im
Internet über http://dnb.d-nb.de abrufbar.

Bibliographic information published by the Deutsche Nationalbibliothek
Die Deutsche Nationalbibliothek lists this publication in the Deutsche Nationalbibliografie;
detailed bibliographic data are available in the Internet at http://dnb.d-nb.de.

∞

Gedruckt auf alterungsbeständigem, säurefreien Papier
Printed on acid-free paper

ISSN: 1614-3582

ISBN-13: 978-3-8382-0444-4

© *ibidem*-Verlag
Stuttgart 2012

Printed in Germany

Ich möchte mich bei Herrn Prof. Dr. Altmann für die ausgezeichnete Betreuung und bei Andreas Greipel, Viacheslav Shchekin-Greipel und Marina Gilmanova für die Unterstützung bei der Erstellung dieser Studie bedanken. Ohne sie wäre dies nicht möglich gewesen.

Inhaltsübersicht

Inhaltsverzeichnis

Abbildungsverzeichnis

Abkürzungsverzeichnis

ABD	Ausfuhrbegleitdokument
AEO	Autorised economic operator
AHK	Deutsch-russische Außenhandelskammer
Art.	Artikel
AWB	Luftfrachtbrief
AWG	Außenwirtschaftsgesetz
BIP	Bruttoinlandsprodukt
Bmbf	Bundesministerium für Bildung und Forschung
BMF	Bundesministerium für Finanzen
CMR-Frachtbrief	Internationale Vereinbarung über Beförderungsverträge auf Straßen
CPT	Carriage Paid to
DDP	Delivered Duty Paid
DIHK	Deutscher Industrie- und Handelskammertag
DTS	Erklärung über den Zollwert der Ware
EEK	Evrazijskaja ekonomičeskaja komissija (Eurasische Wirtschaftskomission)
EU	Europäische Union
EXW	ExWorks
FCA	Free Carrier
Gosgortechnadzor	Staatliche Aufsichtsbehörde für Bergbau und Industrie
GOST-TR	Staatliche technische Regulierungen
Gtai	Deutsche Außenhandelsvertretung German Trade and Invest
GTD	Zolldeklaration/Zollerklärung
GUS	Gemeinschaft Unabhängiger Staaten

GZT	Gesetz über den Zolltarif
HiK Russland	Handels- und Industriekammer der Russischen Föderation. Repräsentanz in der BRD
HS	Harmoniertes System zur Bezeichnung und Codierung von Waren
ICS	Import Control System
IHK	Industrie- und Handelskammer
IWF	Internationaler Währungsfond
Mintorg	Ministerium für Handel
N165FZ	Federal'nyj zakon: „O special'nych zaščitnych, antidempingovych I kompensazionnych merach pri Importe tovarov" (Gesetz „Über spezielle Schutzmaßnahmen, Antidumpingregelungen und Kompensationsmaßnahmen beim Warenimport")
OAO	Rus. Abkürzung für Aktiengesellschaft
RF	Russische Föderation
Rospotrebnadzor	Föderaler Dienst zur Überwachung im Bereich des Verbraucherschutzes
Rosselchosnadzor	Föderaler Dienst für veterinäre und phytosanitäre Überwachung
RST	Kennzeichnung nach GOST-R „Rosstandard"
SAG	Deutsch-russische strategische Arbeitsgruppe für Wirtschaft und Finanzen
SGB	Steuergesetzbuch
SWOT-Analyse	Analyse of Strenghts, Weaknesses, Opportunities and Threats
TD1	Hauptformular der Zollerklärung
TD2	Zusätzliche Formularseiten der Zollerklärung
TIR-Carnet	Carnet Transport international de marchandises par ve-

	hicules routiers
UdSSR	Union der Sozialistischen Sowjetrepubliken
USt	Umsatzsteuergesetz
VSG	Verbraucherschutzgesetz
WZO	Weltzollorganisation
ZK	Zollkodex der Gemeinschaften
ZK DVO	Zollkodex-Durchführungsverordnung
ZKdZU	Tamožennyj kodeks tamožennogo sojuza (Zollkodex der Zollunion)
ZollGB	Nalogovyj kodeks Rossijskoj Federazii (Zollgesetzbuch)
ZRdRF	Zakon RF „O tamožennom regulirovanii v RF" (Föderales Gesetz über die Zollregulierung in der RF)

1 Einleitung

Die vorliegende Studie beschäftigt sich mit dem Export deutscher Firmen in die Russische Föderation. Bevor zum eigentlichen Thema übergegangen wird, wird ein kurzer Überblick über die Bedeutung Russlands für den deutschen Exporteur und eine Einführung in die Arbeit gegeben.

1.1 Überblick

Für die deutsche Wirtschaft ist der Export nach wie vor eine der größten Einnahmequellen. Verlor Deutschland auch 2009 den Titel „Exportweltmeister" an China und wurde von den USA 2010 auf den dritten Platz verdrängt, so konnte es dennoch 2011 einen neuen Rekordwert von 1.125 Mrd. Euro erreichen.[1] Einer der wichtigsten Partner Deutschlands außerhalb der EU ist Russland. So ist Deutschland heute der drittgrößte ausländische Direktinvestor in Russland (RF), laut Bernd Hones vom GTAI sogar der wichtigste substanzielle Investor[2], circa 5000 deutsche Unternehmen sind in Russland tätig. 2011 konnte ein Rekordhoch bei den deutsch-russischen Außenhandelszahlen verzeichnet werden, die Exporte von Deutschland nach Russland stiegen um 41% auf 30,93 Mrd. Euro[3], die Importe um ein Drittel auf 27,67 Mrd. Euro[4]. Man kann deshalb davon ausgehen, dass Russland auch weiterhin ein wichtiger Handelspartner Deutschlands sein wird.

---

[1] Vgl. Kein Exportweltmeister mehr.
[2] Vgl. übernommen aus Sommer, Korruption in Russland.
[3] Diese und alle weiteren Währungsangaben wurden mit Hilfe des Währungsrechners von finanzen.net umgerechnet. URL: http://www.finanzen.net/waehrungsrechner/ Stand: 07.07. 2012.
[4] Vgl. Sommer, Sarah, Korruption in Russland.

1.2 Aufbau der Arbeit

Das erste Kapitel führt in die Problemstellung ein, stellt die Zielsetzung der Studie vor und grenzt den Themenbereich ab. Im zweiten Kapitel wird ein Überblick über die deutsch-russischen Exportbeziehungen geboten und die Bedeutung Russlands für den deutschen Export sowie dessen Ausmaß herausgearbeitet. Im dritten Kapitel wird der Exportablauf nach Russland dargestellt. Der Fokus liegt dabei bei der Zollabfertigung und den benötigten Dokumenten zur Einfuhr in die Russische Föderation. Die wichtigsten Unterschiede zwischen dem deutschen und russischen Zollsystem werden dargestellt und zu Russland als zukünftiges Mitglied der WTO wird Stellung genommen.

Im vierten Kapitel werden ausgewählte Probleme beim Export nach Russland analysiert und Lösungsmöglichkeiten für diese aufgezeigt. Die Basis für diese Analyse beruht auf einer Umfrage deutscher und russischer Unternehmen, die anhand eines Fragebogens[5] durchgeführt wurde. Im fünften Kapitel werden die gewonnen Kenntnisse zusammengefasst und ein Ausblick auf die zukünftigen wirtschaftlichen Beziehungen zwischen Russland und Deutschland unter Berücksichtigung der Zollunion und dem WTO-Beitritt Russlands gegeben.

1.3 Zielstellung der Studie

Die vorliegende Studie verfolgt das Ziel, die Bedeutung Russlands für den deutschen Export herauszuarbeiten, den Exportablauf von Deutschland nach Russland darzustellen, Unterschiede zwischen den deutschen und russischen Normen und Vorgaben aufzuzeigen, ausgewählte Probleme, die beim Export häufig auftreten zu analysieren und Lösungsmöglichkeiten zu bieten.

Dieses Thema ist sehr aktuell, da Deutschland, wie bereits erwähnt, einer der wichtigsten Importeure nach Russland ist, es an aktueller Literatur zu diesem Thema in deutscher Sprache jedoch mangelt. Die meiste Fachliteratur, im Internet und in gedruckter Form, beruft sich noch auf den Zollkodex von 2004. Dieser wurde jedoch vom „Zollkodex der Zollunion" (ZKdZU) abgelöst.

---

[5] Siehe Anhang.

Es existiert zum Zeitpunkt der Fertigstellung dieser Studie weder eine Übersetzung des Zollkodexes ins Deutsche, noch eine offizielle englische Version[6]. Eine schlüssige Einführung in einer Fremdsprache, wie sie für das deutschen Zollverfahren auf „zoll.de" vom Bundesministerium der Finanzen gestellt wird, existiert für das Zollverfahren in Russland nicht. Dazu kommt, dass die einzelnen Gesetze, Verordnungen usw. sehr häufig geändert werden, dabei nicht auf aktuelle gültige Neuregelungen hingewiesen wird, die sich in ganz anderen Dokumenten befinden können. Dazu ein Beispiel: Die Antidumping-Zölle wurden im GZT, welches bereits 36x redaktiert wurde, geregelt. Die diese Zölle betreffenden Artikel 7-11 verloren jedoch ihre Gültigkeit[7], wobei es keinerlei Hinweise auf eine Neuregelung gibt. Diese[8] ist im Gesetz N165FZ in der 4. Redaktion vom 11.07.2011 neu geregelt, worauf bei der Aufhebung der alten Version allerdings nicht hingewiesen wird. Dies erschwert die Arbeit mit den Texten sehr.

Ein weiteres Problem, dass die Auseinandersetzung mit dem ZkdZU erschwert, ist die Darstellung der einzelnen Regeln. Dazu folgendes Beispiel: Unter Art. 179, Punkt 3 findet man „Die Zolldeklarierung wird in schriftlicher und (oder) elektronischer Form unter Benutzung der Zolldeklaration durchgeführt"[9]. Einen Artikel weiter unter Punkt 6 heißt es: „Bei Einreichung der Zolldeklaration in schriftlicher Form muss für die Zollbehörde eine elektronische Kopie beigefügt werden"[10]. So wird die erste Regelung durch die zweite aufgehoben, da man bei einer schriftlichen Anmeldung die Elektronische beizufügen hat, was den Sinn einer schriftlichen Anmeldung aufhebt. Es wird jedoch im Kodex nicht auf den anderen Artikel verwiesen, somit muss man ständig den ganzen Kodex vor Augen haben.

Davon, dass noch viel Überarbeitungsbedarf besteht, zeugt die Tatsache, dass nach Angaben des stellvertretenden Vorsitzenden des belarussischen

---

[6] Es existiert eine englische Übersetzung, die jedoch ausdrücklich als „inoffiziell" gekennzeichnet ist. Vgl. EEK, Customs code of the customs union. bzw. European Comission, Customs Union between Russia, Kazachstan and Belarus.
[7] Art. 7 GZT ist nach föderalem Gesetz N 409-FZ vom 06.12.2011 hinfällig geworden. Art. 8-11 sind nach föderalem Gesetz N 144-FZ vom 08.11.2005 seit 01.07.2006 hinfällig geworden.
[8] Vgl. N165FZ.
[9] ZkdZU, Art.179, Punkt 6.
[10] ZkdZU, Art.180, Punkt 6.

Staatlichen Zollkomitees, Sergej Borisjuk, am 26.06.2012 mehr als 500 Änderungsanträge zum Zollkodex der Zollunion vorbereitet wurden, die zum Teil redaktionellen und präzisierenden Charakter tragen, zum Teil jedoch auch prinzipielle Veränderungen darstellen. Die Änderungsanträge sollen ab 01.01.2013 in Kraft treten.[11] Jedoch sei die „Arbeit an der Vervollkommnung der Gesetzgebung in der Zollunion [...] nicht abgeschlossen"[12].

1.4 Abgrenzung des Themengebiets

Die Studie fokussiert auf das Problemfeld des Exports von Deutschland in die Russische Föderation. Im Rahmen dieser Studie wird nicht auf den Import russischer Ware in die EU bzw. nach Deutschland eingegangen. Ebenfalls konnte auf Grund des beschränkten zeitlichen Rahmens dieser Studie nicht näher auf die Rolle der anderen Mitgliedsstaaten der Zollunion (Belarus und Kasachstan) eingegangen werden.

Das AWG definiert Ware als: „Alle beweglichen Sachen, die Gegenstand des Handelsverkehrs sein können und Elektrizität; ausgenommen sind Wertpapiere und Zahlungsmittel"[13]. In dieser Studie wird Elektrizität als Ware als Untersuchungsgegenstand wie auch der Handel mit geistigem Eigentum ausgenommen, da sich diese Studie nur mit dem Standardverfahren für Export von Waren befasst. Aus dem gleichen Grund wird der Export zum persönlichen Gebrauch von Privatpersonen, Umzugsgut oder Heiratsgut ausgeschlossen.

---

[11] Vgl. Belarussische Telegraphenagentur, 500 Änderungsanträge zum Zollkodex der Zollunion vorbereitet.
[12] Ebd.
[13] AWG §4 (2).2.

2 Überblick über die deutsch-russischen Exportbeziehungen

2.1 Die Bedeutung Russlands für den deutschen Export

Bevor im Weiteren die Handelsbeziehungen zwischen Deutschland und Russland genauer untersucht werden, soll zuerst Russlands wirtschaftliche Lage charakterisiert werden.

In den 90er Jahren, nach dem Zusammenbruch der Sowjetunion, durchlief die russische Wirtschaft eine schwierige Transformationsphase von der sowjetischen Planwirtschaft zur Marktwirtschaft. Diese Phase wurde von einem konsequenten Wirtschaftswachstum abgelöst. So wuchs das Bruttosozialprodukt von 1999 bis 2008 um 80%, die Industrieproduktion um 71%, die Reallöhne stiegen um 270% und die Grundkapitalanlagen um 290%. 2009 wurde Russland ebenfalls von der Weltwirtschaftskrise getroffen, weshalb das BIP um 7,9% sank. Jedoch setzte laut Russischer Botschaft seit dem 4. Quartal 2009 wieder eine Belebung der Wirtschaft ein, wobei das Ministerium für wirtschaftliche Entwicklung der Russischen Föderation einen BIP-Stand auf Vorkrisenniveau prognostizierte. Diese positive Entwicklung wird als Ergebnis der bereits in der Vorkrisenzeit eingeleiteten Reformen, u.a. in der Steuergesetzgebung gesehen.[14]

Nach Ansicht von Bernd Hones (Gtai) verließ Russland 2010 den Weg einer reaktiven Wirtschaftspolitik und konzentriert sich nun auf die Infrastruktur, den Gesundheitsbereich, den Informations-und Kommunikations-Sektor sowie die Energiewirtschaft, um das Land zu modernisieren. Dafür wurden bereits 38 konkrete Projekte ausgearbeitet, die einen Kostenaufwand von circa 19,69 Mrd. Euro darstellen, wobei dem Land die steigenden Öl-, Gas- und Metallpreise, die der russischen Wirtschaft Gewinne verschaffen, helfen.[15] Die Konjunktur der Russischen Föderation stabilisierte sich 2010 wieder, wobei jedoch die Torf- und Waldbrände im Sommer den Aufschwung stark dämpf-

---

[14] Alle Angaben aus diesem Absatz aus: Russische Botschaft: Wirtschaft.
[15] Zusammengefasste Informationen aus: Hones, Konjunkturprogramme weltweit-Chancen in der Krise.

ten.[16] Der russischen Wirtschaft kommen der Aufholbedarf der Bevölkerung und der Unternehmen, welche während der Wirtschaftskrise ihre Pläne auf Eis legten, zugute.[17]

Wirtschaftliche Eckdaten 2010-2012 reale Veränderungen in %[18]

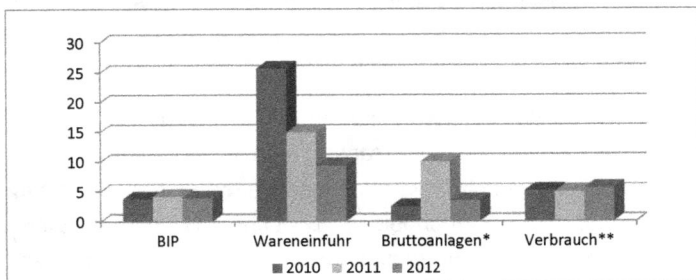

Abb. 1: Wirtschaftliche Eckdaten 2010-2012

*Bruttoanlageinvestitionen.

**Privater Verbrauch auf der Basis von Einzelhandelsumsätzen

Wie auf der Abbildung ersichtlich, geht das Ministerium von einer leichten Zunahme des Verbrauchs für das laufende Jahr aus. Obwohl für 2012 eine Zunahme der Wareneinfuhr von nahezu 10% prognostiziert wird, ist diese im Vergleich zu den beiden Vorjahren rückläufig. Dafür gibt es mehrere Gründe: Viele ausländische Firmen produzieren mittlerweile in Russland[19], so zum Beispiel VW mit seiner Produktionsstätte in Kaluga, zum anderen erhöhten sich die Investitionen von staatlicher und privater Hand in die eigene Industrie. Wie man folgender Tabelle entnehmen kann, ist der Euro im Vergleich zum Rubel von 2005 bis 2011 um 14% gestiegen, was sich negativ auf den Import von Waren auswirkte, da diese dadurch massiv verteuert wurden:

---

[16] Vgl. Hones, Wirtschaftstrends Russland Jahreswechsel 2010/2011, S.1
[17] Vgl. Hones, Wirtschaftstrends Russland Jahreswechsel 2010/2011. S.1.
[18] Ebd., S.2.
[19] Vgl. Sommer, Korruption in Russland.

Rubelkurs im Jahresdurchschnitt von 2005-2011[20]

Jahr	2005	2006	2007	2008	2009	2010	2011
Rubel-kurs	35,15 9	34,09 5	35,03 7	36,54 2	44,25 43	44,18 8	40,9 12

Abb. 2: Rubelkurs im Jahresdurchschnitt

Die Rubelentwicklung im Laufe des letzten Jahres sah folgendermaßen aus:
Rubelentwicklung von Juli 2011 bis Juli 2012[21]

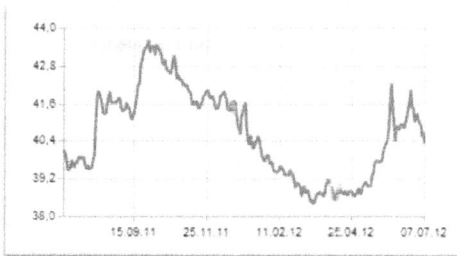

Abb. 3: Rubelentwicklung

Die Entwicklung innerhalb des letzten Jahres war sehr instabil und wurde von vielerlei Faktoren, wie dem Ölpreis, der Eurokrise usw. beeinflusst, so dass es schwierig ist, Prognosen bzgl. des weiteren Verlaufs zu machen. Die Inflation dagegen, wie aus nachfolgender Tabelle ersichtlich, ist seit dem Krisenjahr 2008 ständig gesunken:

Inflation, Zinsen, Währung[22]

Jahr	2005	2006	2007	2008	2009	2010	2011[23]
Inflationsrate	10,9	9,0	1' 9	13,3	8,8	8,8	6,1

Abb. 4: Inflation, Zinsen, Währung

---

[20] Daten übernommen aus Bundesagentur für Außenwirtschaft, Wirtschaftsdaten kompakt 2010, und Gtai, Wirtschaftsdaten kompakt 2012.
[21] Erstellt mit finmarket.ru.
[22] Daten aus Gtai, Russland n Zahlen. Winter 2011/2012, S. 15. Basiert auf Angaben des Russischen Statistikamtes und dem Wirtschaftsministerium.
[23] Vgl. Auswärtiges Amt, Wirtschaft.

So geht auch der IWF in seiner Prognose für 2012 und 2013 von einem Wert zwischen 6,3 und 6,4% aus. Diese vergleichsweise hohe Inflationsrate wirkt sich jedoch positiv auf den Konsum der russischen Bevölkerung aus, da man eher dazu neigt, Waren zu konsumieren als Geld zu sparen.[24]

Löhne und Renten sind seit 2005 ständig gewachsen, seit 2007 liegt die Rente über dem Existenzminimum. Setzt man das Existenzminimum mit dem Durchschnittslohn in Relation, so erkennt man, dass der Durchschnittslohn seit einigen Jahren mehr als das Dreifache des Existenzminimums beträgt. Dabei muss jedoch beachtet werden, dass die Löhne und die Preise stark von der Region abhängig sind. So unterscheiden sich die Lebensqualität, die Löhne und die Preise in Moskau sehr stark von anderen Regionen.

Lohn, Rente, Existenzminimum (in Euro pro Monat) [25]

Jahr	2005	2006	2007	2008	2009	2010	2011 1. Hbj.
Lohn	243	312	388	465	426	524	555
Rente	67	80	89	115	118	186	200
Existenzminimum	86	100	110	127	126	147	160
Relation Lohn/ Existenzminimum	2,86	3,12	3,53	3,66	3,88	3,56	3,47

Abb. 5: Lohn, Rente, Existenzminimum. Umgerechnet nach Euro-Referenzkursen der Europäischen Zentralbank.

Die Arbeitslosigkeit liegt bei 6,4%[26], welche jedoch nicht gleichmäßig auf das ganze Land verteilt ist: Kann man in Moskau von einer sehr geringen Arbeitslosigkeit ausgehen, so ist diese im Rest des Landes, vor allem in den ländlichen Gegenden sehr hoch, womit ein Gefälle der Kaufkraft zwischen den großen Städten und der Provinz erzeugt wird.

---

[24] Dies wird auch durch die leidvollen Erfahrungen der Bevölkerung während der Rubelkrise 1998/1999 beeinflusst, bei der ein großer Teil der Bevölkerung ihre Ersparnisse verlor. Vgl. dazu auch: Petrowa, Russen konsumieren lieber statt zu sparen.

[25] Vgl. Gtai, Russland in Zahlen, Sommer 2011, S.20, Datenerhebung von Rosstat.

[26] Vgl. Kuwschinowa, Teures Erdöl, billiger Rubel.

Was den russischen Staatshaushalt angeht, so erklärte Ministerpräsident Medwedew am 06.07.2012 in der Sitzung des Ministerkabinetts, dass das russische Haushaltsdefizit im nächsten Jahr 1,5 Prozent des Bruttoinlandsproduktes ausmachen werde. Man rechne mit Einnahmen von 12,3 Billionen Rubel und Ausgaben von 13,4 Billionen Rubel, wobei man ab 2015 einen defizitfreien Haushalt erwarte.[27] Dies machte sich auch schon in der SWOT-Analyse von Gtai für das Jahr 2010/2011[28] bemerkbar:

SWOT-Analyse für Jahreswechsel 2010/2011

Strenghts (Stärken)	Weaknesses (Schwächen)
- großer Binnenmarkt	- Immense Rohstoffabhängigkeit
- konsumfreudige Verbraucher, geringe Sparquoten	- Wirtschafts- und Industriepolitik auf 1610 Großkonzerne konzentriert
- Entwicklung der Regionen	- Bürokratie und Inflation
- hohe Devisenreserven	- Kaum Unterstützung für Mittelstand
- Stabilisierungsfonds	- Hohe, teils hausgemachte Inflation
- geordnete Staatsfinanzen	
- politische Stabilität	
Opportunities (Chancen)	**Threats (Risiken)**
- Modernisierungsoffensive des Präsidenten	- langsame Implementierung von regulativen und rechtlichen Normen
- Austragungsort für Winterolympiade 2014 und Fußball-WM 2018	- Anfälligkeit für exogene Schocks im Rohstoffsektor
- Milliardenschwere Zielprogramme (Wasserwirtschaft, Lebensmittelindustrie, etc.)	- schwach entwickeltes Bankensystem, Kreditvergabe
- Energieeffizienz	- demographische Entwicklung: massiver Rückgang bei Absolventen von Hochschulen
- Wachsender Mittelstand	- Trend zu Protektionismus (z.B. Pharmazie)

Abb. 6: SWOT-Analyse für Jahreswechsel 2010/2011

---

[27] Vgl. Russland: Nachrichten, Überblick.
[28] Vgl. Hones: Wirtschaftstrends Jahresmitte 2011.

Diese Analyse ist trotz der starken Oppositionsbewegungen, die seit den Parlamentswahlen im Dezember 2011 Massenproteste organisieren, aktuell, da laut einer Umfrage des Ost-Ausschusses der Deutschen Wirtschaft und der AHK die Stimmung der deutschen Unternehmen weiterhin positiv bleibt. An der Umfrage nahmen 100 Unternehmen teil. Davon gaben über 42% an, dass sie 2011 eine Verbesserung des Geschäftsklimas in der RF festgestellt hätten. 71% gehen für 2012 von einer positiven Entwicklung der russischen Wirtschaft aus, nur 4% befürchten eine mögliche Rezession. Bezüglich der zum Zeitpunkt der Umfrage noch nicht bestätigten dritten Präsidentschaft Wladimir Putins wurde von 30% die Erwartung positiver Effekte ausgedrückt, 25% dagegen befürchteten eine Verschlechterung. Der größte Anteil mit 45% dagegen ging davon aus, dass es keinerlei Veränderungen geben werde[29].

Für das laufende Jahr wird eine weitere Verbesserung der wirtschaftlichen Situation prognostiziert, wobei vieles vom Erdölpreis beeinflusst wird, von dem die russische Wirtschaft noch immer stark abhängt.[30] Von vielen Experten wurde bereits im Januar eine Fortsetzung des Reformkurses nach den Präsidentschaftswahlen prognostiziert, welche die Investoren weiterhin optimistisch stimmen sollte. Dies hat sich bis zum Abschluss dieser Studie jedoch nicht bewahrheitet.[31] Zusammenfassend kann von einer positiven Entwicklung der russischen Wirtschaft mit einer konsumfreudigen Bevölkerung ausgegangen werden, wobei ein starkes Gefälle zwischen Land- und Stadtbevölkerung zu verzeichnen ist.

---

[29] Vgl. Geschäftsklima Russland 2011/2012, S.4.
[30] Vgl. Kuwschinowa, Teures Erdöl, billiger Rubel.
[31] Vgl. Ebd.

2.2 Ausmaß und Analyse der deutsch-russischen Beziehungen

Schon bald nach dem Ende der Sowjetunion waren der Handel und die wirtschaftliche Kooperation zwischen Deutschland und Russland sehr intensiv,
was die bilateralen Beziehungen maßgeblich beeinflusste. Bis vor der Weltwirtschaftskrise 2009 stieg der Handelsumsatz zwischen den beiden Ländern
jährlich um 15-25%, 2008 wurde ein Rekordwert von 54,77 Mrd. Euro er-
langt.[32] Auch während der Krise wurde nach Angaben der russischen Botschaft kein einziges Investitionsvorhaben eingestellt oder auf Eis gelegt, obwohl der bilaterale Handelsumsatz 2009 um 40,6% zurückging.[33] Von der
schwachen Handelsbilanz waren vor allem Investitionsgüter betroffen. So fiel
der Exportanteil von Maschinen und Ausrüstung von Deutschland nach Russland um 10%.

Deutschlands Rolle als wichtigster Handelspartner wurde im Krisenjahr ebenfalls stark geschwächt. Der Anteil am russischen Außenhandelsumsatz sank
von 9,1% auf 8,4% von Januar bis Oktober 2009 im Vergleich zur Vorjahres-
periode. Dies lag vor allem am bereits erwähnten Rückgang der Maschinen-
lieferungen: So musste beispielsweise bei den Bau- und Baustoffmaschinen
ein Einbruch von 64% und bei der Landtechnik von 63% hingenommen werden. Verantwortlich für diesen Rückgang waren neben der schlechten Wirt-
schaftslage auch vor allem die protektonischen Maßnahmen der Regierung,
beispielsweise wurde die Einfuhr von Mähdreschern und anderen Erntema-
schinen stark verteuert und die Zollsätze um 10% auf 15% erhöht.[34]
Den kontinuierlichen Ausbau der Handelsbeziehungen verdeutlicht auch folgende Graphik mit Tabelle:

---

[32] Hones, Russlands Wirtschaft zwischen Boom und Risiken.
[33] Botschaft der Russischen Föderation in der Bundesrepublik Deutschland, Handels-und
Wirtschaftsbeziehungen.
[34] Daten ab der letzten Fußnote vgl. Schulze, Rolle Deutschlands nimmt ab. S.20f.

Bilateraler Handel: Deutschland-Russland (in Milliarden Euro) Teil 1 [35]

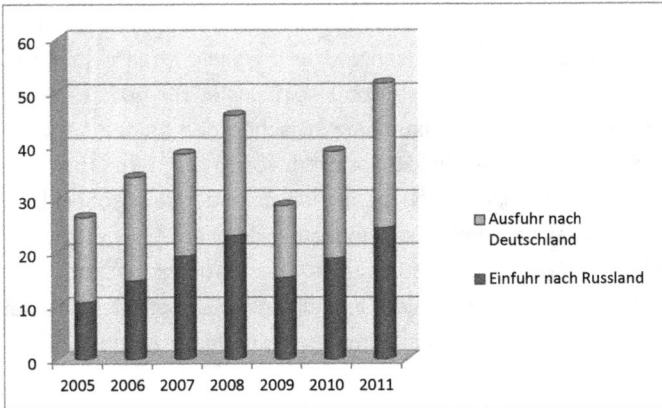

Abb. 7: Bilateraler Handel: Deutschland-Russland. Teil 1

Bilateraler Handel: Deutschland-Russland in Mrd. Euro. Teil 2 [36]

	2005	2006	2007	2008	2009	2010	2011
Ausfuhr (nach D)	15,9	19,4	19,2	22,6	13,5	20,1	24,6
Einfuhr (nach RUS)	10,7	14,7	19,3	23,2	15,3	18,9	27,1
Handelsumsatz	26,6	34,1	38,5	45,9	28,7	39,0	51,7

Abb. 8: Bilateraler Handel: Deutschland-Russland. Teil 2

Wie die Graphik und die Tabelle zeigen, hat sich der Außenhandel wieder von der Krise erholt.

Deutschland hat jedoch seine Stellung als größter Importeur an China verloren und liegt nun nach den Niederlanden auf Platz Drei, was teilweise an der

---

[35] Nach: Gtai, Russland in Zahlen. Aktuelle Wirtschaftsdaten für die Russische Föderation. Winter 2011/2012.
[36] Daten aus: Ebd. und Deutsche Botschaft in Moskau, die deutsche Wirtschaft in Russland.

vermehrten Produktion von Erzeugnissen deutscher Hersteller im Land liegt.[37]

Deutschland bleibt trotzdem aufgrund seiner Lieferstruktur mit Maschinen, Anlagen, Kraftwagen, Kraftwagenteilen, chemischen Erzeugnissen, Spitzentechnologie und landwirtschaftlichen Produkten weiterhin Russlands wichtigster Handelspartner.[38]

Davon zeugt auch Russlands Importstruktur, aus der ersichtlich ist, dass die Hauptimportartikel aus Deutschland, weit vor anderen Artikeln liegen:

Russlands Importstruktur: (Anteile an den Gesamteinfuhren in %)[39]

Warengruppe	Januar - Oktober 2009	Januar - Oktober 2010
Maschinen, Ausrüstungen, Transportmittel	43,1	43,8
Chemische Erzeugnisse, Kautschuk	16,6	16,6
Lebensmittel und Agrarprodukte	17,9	15,8
Metalle und Metallwaren	6,5	7,4
Textilien, Textilprodukte, Schuhe	6,1	6,7
Mineralische Produkte	2,4	2,5
Sonstige Waren	7,4	7,2

Abb. 9: Russlands Importstruktur

Sollten die russischen Modernisierungspläne bald verwirklicht werden, so wird die Nachfrage nach Technologien aus dem Energiebereich, im Gesundheitssektor sowie für die Infrastruktur wieder steigen und Deutschland hat gu-

---

[37] Vgl. Botschaft der Russischen Föderation in der Bundesrepublik Deutschland, Handels- und Wirtschaftsbeziehungen.
[38] Vgl. Deutsche Botschaft in Moskau, die deutsche Wirtschaft in Russland.
[39] Aus: Schulze, VR China hängt deutsche Lieferanten in Russland deutlich ab. Daten stammen vom Ministerium für wirtschaftliche Entwicklung der RF.

te Chancen, seinen alten Stellenplatz zurückzuerobern. Nach Meinung von Gerit Schulze (Gtai) könnte sich zudem die Vergabe der WM 2018 an Russland positiv auf den deutschen Export auswirken, da 13 neue Stadien mit dazugehöriger Sport- und Verkehrslogistik, Hotels und Event-Management benötigt werden.[40]

Was die wirtschaftspolitische Zusammenarbeit angeht, so wurde 2000 die SAG gegründet, die die Verstärkung der bilateralen Zusammenarbeit und die Verbesserung der wirtschaftlichen und rechtlichen Rahmenbedingungen zum Ziel hat. 2001 wurde der Petersburger Dialog, eines der wichtigsten Diskussionsforen des Landes, geschaffen, um die zivilgesellschaftliche Verständigung zu fördern. Des Weiteren finden seit 1999 jährlich Deutsch-Russische Regierungskonsulationen zur Behandlung wichtiger bilateraler Themen zwischen den betreffenden Ministerien statt.[41]

Bei den Abkommen, die zwischen der BRD/EU und der Russischen Föderation bzw. auf internationaler Basis geschlossen wurden, sind in erster Linie zu nennen:

Abkommen mit der BRD/EU oder auf internationaler Basis[42]

Bezeichnung des Abkommens	Abschluss- partner Ab- schlussjahr	Zweck
Investitionsschutzabkommen[43]	13.06.1989 Abschluss zwischen UdSSR - BRD, 1991 mit RF verlängert	Deutschen Investoren wird ein umfassender völkerrechtlicher Rechtsschutz für ihre Investitionen gewährleistet.
Doppelbesteuerungsabkommen[44]	Seit 30.12.1996 zwischen BRD-	Regelt das Besteuerungsverfahren aus-

---

[40] Ebd.
[41] Nach Gtai, Russland in Zahlen. Aktuelle Wirtschaftsdaten für die Russische Föderation Winter 2011/2012, S. 22.
[42] Vgl. Gorbuchov, Tamožennoe pravo Rossii. S. 20.
[43] Vgl. Ihk Rhein-Nekar, Investitionsschutz- und Doppelbesteuerungsabkommen.
[44] Vgl. Fifo Ost: Doppelbesteuerungsabkommen mit der Russischen Föderation.

	RF angewandt	ländischer Mitarbeiter
Abkommen zur wissenschaftlich-technischen Zusammenarbeit[45]	1986 mit UdSSR abgeschlossen, 16.07.2009 mit RF	Dient dem Ausbau der Zusammenarbeit in verschiedenen For-schungsgebieten
Gesundheitsabkommen[46]	15.07.2010 zwi-schen BRD-RF abgeschlossen	Regelt die Zusammen-arbeit im Gesund-heitssektor, vor allem bei Präventionsarbeit und Kampf gegen In-fektionskrankheiten
Partnerschafts- und Kooperati-onsabkommen[47]	24.06.1994 zwi-schen EU-RF unterzeichnet.	Soll Rahmen für politi-schen Dialog, Förde-rung der Demokratie, Wirtschaft, Handel und Investitionen schaffen. Grundlage für viele Abkommen.
Übereinkommen von Kyoto vom 18.05.1973 in den Teilen Haupt-teil und Allgemeine Anlage	Beitritt der RF durch Föderales Gesetz Nr. 279-FZ vom 19.11.2010	Vereinfachung und Harmonisierung der Zollverfahren und Zoll-gesetzgebung
Zoll-TIR-Übereinkommen	Internationales Übereinkommen von 1975	Regelung des interna-tionalen Warentrans-ports
Zollabkommen über das Carnet-	Internationales	Zur vorübergehenden

---

[45] Vgl. Bmbf, Russland.
[46] Vgl. Abkommen zwischen dem Bundesministerium für Gesundheit der Bundesrepublik Deutschland und dem Ministerium für Gesundheit und soziale Entwicklung der Russi-schen Föderation über die Zusammenarbeit auf dem Gebiet des Gesundheitswesens. Fassung vom 15.07.2010.
[47] Vgl. Europe Direct, Partnerschafts- und Kooperationsabkommen: Russland, Osteuropa, Südkaukasus und Zentralasien.

29

ATA	Abkommen von 1961	Einfuhr von Waren
Istanbul Konvention über vo-rübergehende Einfuhr	Internationales Abkommen von 1990	Regelt die vorüberge-hende Wareneinfuhr
Nairobi-Konvention	Internationales Abkommen von 1977	Verwaltungshilfe zur Verhinderung, Ermitt-lung, Verfolgung von Zollzuwiderhandlungen
Internationales Übereinkommen über das Harmonisierte System zur Bezeichnung und Codierung der Waren	Internationales Abkommen vom 14.06.1983	Harmonisierung der Warenbezeichnung und Codierung

Abb. 10: Abkommen mit der BRD/EU oder auf internationaler Basis

3   Export nach Russland

3.1   Die Zollunion

Dieses Kapitel befasst sich mit dem Ablauf des Exports von Waren aus Deutschland nach Russland. Bevor darauf genauer eingegangen wird, soll kurz die Zollunion, die in diesem Zusammenhang eine große Rolle spielt, vorgestellt werden:

Nach dem Zerfall der Sowjetunion 1991 wurde am 10.10.2000 die EAEC in Astana (Kasachstan) gegründet. Ihr gehören die Russische Föderation, Belarus, Kasachstan, Kirgisistan und Tadschikistan an. Das 2006 eingetretene Usbekistan trat 2008 wieder aus. Einen Beobachtungsstatus haben Moldawien, die Ukraine und Armenien. Das Ziel der EAEC liegt in der Gründung einer Zollunion und der schrittweisen Verwirklichung eines einheitlichen Wirtschaftsraums.

Am 06.10.2007 wurde der Vertrag zur Gründung der Zollunion von Kasachstan, der RF und Belarus unterzeichnet und somit ein entscheidender Schritt zur Erfüllung der Ziele der EAEC vollzogen. Seit 01.01.2010 gelten sowohl einheitliche Importzölle wie auch nichttarifäre Handelsbestimmungen, seit 06.07.2010 der gemeinsame Zollkodex. Dabei wurde auch die Zollgrenze zwischen Russland und Belarus abgeschafft, die Zollgrenze mit Kasachstan folgte am 01.07.2011, womit ein einheitliches Zollgebiet geschaffen wurde. Zudem wurde eine Reihe von gemeinsamen Abkommen wie das Abkommen über die im Zollgebiet der Union befindlichen Waren, die einem obligatorischen Konformitätsnachweis unterliegen, beschlossen. Ab ersten 01.01.2012 gelten nun auch die Bestimmungen für den freien Personen-, Dienstleistungs- und Kapitalverkehr.[48]

Die gesetzlichen Grundlagen der Zollunion sind[49]:

-    die Beschlüsse der Organe der Zollunion (des zwischenstaatlichen Rats und der Kommission der Zollunion);

---

[48] Vgl. Ehlers, Eröffnung des 15. Außenwirtschaftsrechtstages „Rechtsfragen der neuen Zollunion zwischen der Russischen Föderation, Weißrussland und Kasachstan", S. 1-4.
[49] Vgl. Talanov, Grigory: Zollabwicklung, [Titel Druckfehler angegeben!] S.35

- internationale Verträge;
- der Zollkodex der Zollunion;
- das föderale Gesetz über die Zollregulierung in der RF (ZRdRF);
- der Zollkodex der Republik Belarus;
- der Zollkodex der Republik Kasachstan;
- Präsidialerlasse und Regierungsverordnungen;
- Anweisungen der nationalen Zollbehörden.

Die Regelungen der Zollunion beinhalten[50]:

- Importzollgebühren;
- den einheitlichen Zolltarif;
- die Anwendung der Zollgebühren, welche vom einheitlichen Zolltarif abweichen;
- einheitliche Zollprozeduren und Abwicklung;
- einheitliche Bestimmungen bzgl. der Einrichtung von indirekten Steuern im gegenseitigen Handel.

Zudem wurde die Zollunion am 01.01.2012 zum „Gemeinsamen Wirtschaftsraum" erweitert. Darunter versteht man „einen Raum, der aus den Gebieten der Seiten besteht, auf welchem die gleichen Mechanismen zur Regulierung der Wirtschaft herrschen, die auf den Marktprinzipien und der Anwendung der harmonisierten Rechtsnormen beruhen, auf welchem es eine gleiche Infrastruktur gibt und eine abgestimmte Steuer-, Finanz,- Währungs- Handels- und Zollpolitik geführt wird, die eine freie Bewegung von Waren, Dienstleistungen, Kapital und Arbeitskraft sichert.[51] Die Teilnehmerstaaten sind bis jetzt Kasachstan, Belarus und die RF. Durch die Erweiterung der Zollunion zum gemeinsamen Wirtschaftsraum gibt es ab September 2012 Konformitätsnachweise, die für alle drei Länder gültig sind. Trotzdem gelten weiterhin bei

---

[50] Vgl. Talanov, Zollfabwicklung, [Titel Druckfehler angegeben!].S. 35.
[51] Vgl. Evrazijskoe ekonomičeskoe soobščestvo, Edinoe ekonomičeskoe prostranstvo.

Lieferungen in eines der Länder die jeweilig gültigen Konformitätsnachweise.[52]

Die Grundlage des neuen Zolltarifs bilden zu 92% die russischen Zollsätze. Jedoch gibt es einige Vereinfachungen im Vergleich zum russischen Zollkodex, auf die kurz eingegangen werden soll:[53]

- Die Zollbehörden sind verpflichtet, innerhalb von zwei Tagen nach Eintreffen der Zollerklärung die Waren frei zu geben. Vorher hatten die Zollbehörden drei Tage Zeit.
- Bei befristeter Verwahrung bzw. temporärer Einfuhr ist es nun möglich, die Zollgebühren bis zu 4 Monate anstatt bis spätestens zwei Wochen nicht zu bezahlen.
- Der Zolldeklarant kann nun Änderungen in den Zollerklärungen nach der Freigabe der Waren zum freien Warenverkehr eintragen. Dies war vorher unmöglich.
- Die besondere Stellung und der Status als AEO sind im einheitlichen Zollkodex festgelegt.

Einige Vorschriften des einheitlichen Zollkodexes können sich auch negativ für den Importeur auswirken. So muss Kasachstan für 5000 Warenpositionen die Einfuhrzölle erhöhen.

3.2 Das russische Zollsystem und wichtigste Unterschiede zum deutschen System

Bevor auf das aktuelle Zollsystem eingegangen wird, soll erst ein kurzer Rückblick gegeben werden.

Das russische Zollsystem wurde seit 1993, seit der Erstellung des ersten Zollkodexes der RF, ständig überarbeitet und verändert. So wurde, vor allem nach 1998, eine strukturelle Neuordnung des Zolls nach administrativen Gebieten vorgenommen. Dies, die Zentralisierung und Überwachung von Verwaltungs-und Leistungsstrukturen sollten dazu dienen, Bürokratie abzubauen und die Korruption zu bekämpfen. Aus demselben Grund wurde auch das

---

[52] Vgl. Din-gost-tüv Berlin-Brandenburg, GOST R - Zertifizierung.
[53] Die aufgeführten Vereinfachungen stammen aus: Brunner, Aktueller Vergleich des einheitlichen Zollkodexes der Zollunion - Russland, Weissrussland, Kasachstan -Zollunion der Eurasischen Wirtschaftsgemeinschaft.

sogenannte „Zollbusiness" durch gezielte Kontrollmechanismen und die Schließung von Zolllagern (1999 gab es noch 640 solcher Lager, 2002 waren es nur noch 58) eingeschränkt. Ein sehr ehrgeiziges Entwicklungsprogramm für den Zolldienst, ihn in die „beste Zolladministration der Welt" zu verwandeln, wurde betrieben.[54] Inwieweit dies gelungen ist, sei dahingestellt.

Seit dem Inkrafttreten des Zolltarifs von 2004 hat der Zoll eingeschränkt die Funktion als Instanz für den Markenschutz übernommen. Seit 2004 werden nur noch lizensierte Deklaranten und Zollvertreter zur Erledigung der Zollformalitäten für Ausländer zugelassen.[55] Unter einem Zollvertreter versteht man „eine russische juristische Person, die ins Register von Zollvertretern des Staatlichen Zollamts eingetragen ist".[56]

3.2.1 Die Zollstatistik

Die Zollorgane benutzen für die Erstellung von Informationsmaterial statistisches Material aus der Erfassung von Deklarationen, der Zollabgaben, der Währungskontrolle und der internationalen Postsendungen, sowie des Passagierverkehrs.[57] Die Angaben müssen somit nicht wie in Deutschland, vom Exporteur/Importeur selbst an das Statistikamt weitergeleitet werden.

3.2.2 Die am Zollprozess Beteiligten

Die wichtigsten am Zollprozess beteiligten natürlichen oder juristischen Personen sind:[58]

- Der Deklarant;
- Der Zollspediteur;
- Der Zollvertreter;
- Der Besitzer des Zwischenlagers[59];
- Der Besitzer eines Duty-Free-Geschäfts[60];

---

[54] Vgl. Bolz, Verzollung in Russland- der neue Zollkodex in der praktischen Anwendung, S.9.
[55] Vgl. Ebd., S.14.
[56] Nikischenko, Zollabwicklung und Einfuhrformalitäten in Russland.
[57] Vgl. Gorbuchov, Tamožennoe pravo Rossii, S. 112-114.
[58] Ebd., S. 13.
[59] Auf diesen kann im Rahmen dieser Studie nicht näher eingegangen werden, da es den Rahmen dieser sprengen würde

- Der zugelassene Wirtschaftsbeteiligte.

3.2.2.1 Der Deklarant

Unter einem Deklaranten versteht man „eine natürliche oder juristische Person, welche Waren deklariert oder in dessen Namen Waren deklariert werden"[61]. Der Deklarant muss Staatsbürger eines Zollunionmitglieds sein. Das bedeutet, dass Nichtstaatsbürger, nicht wie in der BRD einen Antrag zur Aufnahme selbständiger Tätigkeit bei der Botschaft einreichen bzw. bei der Ausländerbehörde einen Antrag stellen und danach Waren importieren können. Juristische Personen müssen sich vor Beginn außenhändlerischer Handlungen bei den Zollorganen am Standort registrieren lassen.[62]

Für folgende Personen(gruppen) gelten Ausnahmen:[63]
- Ausländer können Waren für persönliche Zwecke einführen;
- Botschaften und Konsulate bzw. Personen, denen aus anderen Gründen Immunität zugestanden wird, können Waren importieren;
- Ausländische Gesellschaften mit akkreditierten Vertretungen auf dem Gebiet der Zollunion können für den Eigenbedarf der Vertretung, für eine zeitweilige Einfuhr und für den Reexport gedachte Importe durchführen;
- Ausländische Beförderer mit Transitwaren.

Wollen ausländische Gesellschaften Waren für einen anderen Bedarf einführen, so sind diese durch einen Zollvertreter zu deklarieren.

---

[60] Auf diesen kann im Rahmen dieser Studie ebenfalls nicht näher eingegangen werden
[61] Nikischenko, Zollabwicklung und Einfuhrformalitäten in Russland.
[62] Vgl. Gorbuchov, Tamožennoe pravo Rossii, S. 13.
[63] Die aufgeführten Personengruppen wurden übernommen aus: ZKdZU, Kapitel 27, Art. 186, Punkt 1-3 und Kapitel 45

3.2.2.2 Der Zollspediteur

Der Zollspediteur führt verschiedene Arten von Transport durch:
- Über die Zollgrenze;
- Unter Zollbeobachtung innerhalb des Zollgebiets der Zollunion (Zollverfahren „Zolltransit").

Zudem ist er verantwortlich für die Benutzung der Transportmittel. Der Zollspediteur muss von den Zollorganen akkreditiert und in das Register der Zollspediteure aufgenommen sein. Dies kann erst beantragt werden, wenn die entsprechende Rechtsperson schon mindestens zwei Jahre als Spediteur tätig war und eine Summe von umgerechnet nicht weniger als 200.000 Euro vorweisen kann, um die Begleichung von anfallenden Zöllen, Zollgebühren und Steuern absichern zu können. Der Zollspediteur ist verpflichtet, über die im Zollverfahren „Zolltransit" beförderten Waren Buch zu führen und den Zollorganen einen Bericht über diese vorzulegen.[64] Die Regelungen für einen Zollspediteur unterscheiden sich somit stark von den Regelungen für deutsche Spediteure, deren Tätigkeit in den Allgemeinen Deutschen Spediteurbedingungen geregelt ist.

3.2.2.3 Der Zollvertreter

Zollvertreter (früher „Zollbroker") sind laut Art. 30 ZRdRF russländische Rechtspersonen, die bei den Zollorganen akkreditiert und in einem speziellen Register der Zollvertreter aufgeführt sind. Gemäß Art.12 Punkt 2 ZKdZU sind sie berechtigt, die gesamte Zollabfertigung im Namen und Auftrag des Deklaranten oder einer dritten Person durchzuführen und die notwendigen Kosten zu begleichen. Bei der Deklarierung der Waren und ihrem Übergang auf den freien Markt trägt der Zollvertreter zusammen mit dem Deklaranten die Verantwortung für die Begleichung anfallender Kosten, unabhängig von den im Vertrag zwischen Zollvertreter und Deklaranten festgehaltenen Bedingun-

---

[64] Eine Liste mit den registrierten Zollspediteuren ist auf der Homepage der Kommission der Zollunion (http://www.tsouz.ru) einsehbar und wird mindestens einmal pro Quartal auf den neuesten Stand gebracht. Vgl. auch Gorbuchov, Tamožennoe pravo Rossii, S. 75.

gen.[65] Der Zollvertreter entspricht von seiner Funktion her dem deutschen Zollagenten.

3.2.2.4 Der zugelassene Wirtschaftsbeteiligte[66]

Nach Art. 38 ZKdZU ist der zugelassene Wirtschaftsbeteiligte eine Rechtsperson, die bestimmten Kriterien entspricht und der deshalb bestimmte Verzollungsvereinfachungen gewäht werden. Er kann von folgenden Vereinfachungen profitieren:

- Vorübergehende Verwahrung von Waren auf seinem Gelände ohne Aufnahme im Verzeichnis für Besitzer von Lagern für die vorübergehende Aufbewahrung;
- Freigabe der Waren vor Abgabe der Zolldeklaration;
- Durchführung verschiedener Zollprozeduren mit Waren, die auf dem Gelände des zugelassenen Wirtschaftsbeteiligten verwahrt sind, dabei auch Zolltransit;
- Abgabe von vorläufiger, unvollständiger und periodischer Zolldeklaration.

Um den Status „zugelassener Wirtschaftsbeteiligter zu erhalten, muss man mindestens ein Jahr Tätigkeit im Außenhandel und eine Liquidität von umgerechnet mind. 1 Mio. Euro zur Begleichung von anfallenden Zöllen, Zollgebühren und Steuern nachweisen können. Zudem dürfen keinerlei ungedeckte Verpflichtungen gegenüber dem Zollorgan bestehen, oder Gesetzeskonflikte im Zollbereich in der Zeitspanne von einem Jahr vor Einreichung des Antrags vorgekommen sein[67].

Im Gegensatz zum europäischen Analog eines AEO kann nur der Importeur/Exporteur diesen Status erlangen.[68] Der Status „zugelassener Wirtschaftsbeteiligter" in Deutschland und in Russland werden gegenseitig nicht

---

[65] Eine Liste mit den registrierten Zollvertreter ist auf der Homepage der Kommission der Zollunion (http://www.tsouz.ru) einsehbar und wird mindestens einmal pro Quartal auf den neuesten Stand gebracht. Vgl. Gorbuchov, Tamožennoe pravo Rossii, S. 67-69, S.73.
[66] oft auch übersetzt als „bevollmächtigter Wirtschaftsoperator".
[67] Vgl. Gorbuchov, Tamoženhoe pravo Rossii, S. 97-99
[68] Vgl. BMF, Wareneinfuhr in die russische Föderation. S.3

anerkannt, da gemäß Artikel 14g Buchstabe a) der ZK-DVO derzeit keine Abkommen zwischen der EU und der Zollunion dazu bestehen.[69]

3.2.3 Die deklarationspflichtigen Waren

Die Zolldeklaration muss für folgende Waren eingereicht werden:[70]
- Die die Zollgrenze der RF überschreiten;
- Deren Zollverfahren sich ändert (zum Beispiel, wenn eine Ware als zeitlich begrenzt eingeführt wurde und nun zum ständigen Verbleib abgefertigt wird);
- Abfallprodukte, die als Ergebnis der Anwendung der Zollverfahren „Verarbeitung auf dem Zollgebiet" und „Verarbeitung für den Gebrauch im Inland" entstehen;
- Reste der eingeführten Waren zur Verarbeitung und im Produktionsprozess unbenutzte Anteile während der Anwendung der Zollverfahren „Verarbeitung auf dem Zollgebiet" und „Verarbeitung für den Gebrauch im Inland";
- Abfallprodukte, die als Ergebnis der Vernichtung ausländischer Waren bei der Anwendung des Zollverfahrens „Vernichtung" entstehen;
- Illegal in das Zollgebiet der RF eingeführte und von Personen, die eine unternehmerische Tätigkeit ausüben und keinerlei Bezug zur illegalen Einfuhr haben, erworbene Waren.

Es gibt im Gegensatz zur Einfuhr nach Deutschland keinen Grenzwert, bis zu welchem keine Einfuhrabgaben entrichtet werden müssen[71].

---

[69] Vgl. BMF, Vorteile eines zugelassenen Wirtschaftsbeteiligten.
[70] Angaben wurden übersetzt aus: Stat'i. Tamožnja. Tamožennoe oformlenie tovarov.
[71] Vgl. Verordnung (EG) Nr. 1186/2009. Art. 23/24.

3.2.4 Die Zolldeklaration

Die Zolldeklaration kann bei jeder Zollbehörde, die zur Annahme befugt ist, in schriftlicher oder elektronischer Form abgegeben werden, jedoch nicht später als 15 Tage ab Gestellung der Ware bei der Zollbehörde am Eingangsort oder ab Beendigung des Binnenzolltransits (zum Beispiel zum Zolllager). Die Abgabefrist kann in Ausnahmefällen für den Zeitraum des Aufenthalts der Ware im Zolllager verlängert werden.[72]

Es gibt verschiedene Arten von Zolldeklarationen:[73]
- Warendeklaration;
- Transiterklärung;
- Zolldeklaration für den Passagierverkehr;
- Zolldeklaration für Transportmittel.

Im Rahmen dieser Studie wird nur auf die Warendeklaration eingegangen. Bei allen Zollverfahren außer dem Zolltransit müssen die eingeführten Waren bei der zuständigen Zollstelle deklariert werden.

3.2.5 Vereinfachungen beim Zollverfahren

Es gibt verschiedene Vereinfachungen für die Zollverfahren. Die Wichtigsten sind:
- Periodische Zollerklärung
- Die unvollständige Zollerklärung

3.2.5.1 Die Periodische Zollerklärung

Dieses Verfahren hat Ähnlichkeit mit dem Vereinfachten Anmeldeverfahren bei der Gütereinfuhr nach Deutschland, jedoch kann es nur angewendet werden, wenn die gleichen Waren durch dieselbe Person regelmäßig bei der gleichen Zollstelle innerhalb einer maximal 30-tägigen Lieferperiode eingeführt werden. Unter Lieferperiode ist der Zeitraum zu verstehen, in welchem die Waren bei der zuständigen Zollstelle deklariert werden. Die Waren müs-

---

[72] Aufzählung übersetzt aus: Stat'i. Tamožnja. Tamožennoe oformlenie tovarov.
[73] Vgl. ZKdZU, Kapitel 27, Art. 180.

sen eine identische Warenbezeichnung und den gleichen HS-Code aufweisen. Die Zollgebühren werden gleichzeitig mit der Abgabe der Deklaration entrichtet, es gibt also keinen Zahlungsaufschub wie in der deutschen Regelung. Die Periodische Zolldeklaration wird von der Zollbehörde nicht eher als 15 Tage vor dem angegebenen Beginn der Einfuhren ausgegeben.

Folgende Angaben müssen gemacht werden:
- Anzahl der Waren;
- alle zur Berechnung der Zollgebühren anfallenden Angaben (s.u.);
- Bestätigung über die Einhaltung aller Beschränkungen;
- Bestätigung der Nämlichkeitssicherung.

Genauere Angaben müssen bis spätestens 10 Arbeitstage nach Ende der Lieferperiode nachgereicht werden.[74]

3.2.5.2 Die unvollständige Zollerklärung

Wenn der Deklarant nicht alle nötigen Informationen zum vollständigen Ausfüllen der Zollerklärung aufgrund von Gründen, die nicht in seinem Verantwortungsbereich liegen, zur Verfügung hat, wird die Einreichung einer unvollständigen Zollerklärung unter der Bedingung, dass alle Angaben, die für den Verkauf der Güter, zur Berechnung der Zollgebühren notwendig sind, und die Einhaltung von Beschränkungen bestätigen, sowie die Nämlichkeit der Waren sichern, angegeben werden. Dieses Verfahren entspricht seinem europäischem Äquivalent[75], jedoch hat der Deklarant im Gegensatz zur deutschen Regelung max. 45 Tage ab Registration Zeit, die fehlenden Angaben nachzureichen, zu deren Abgabe er sich schriftlich verpflichten muss. Die Zollgebühren müssen bei Abgabe der unvollständigen Zolldeklaration in voller Höhe bezahlt werden.[76]

---

[74] Vgl. ZRdRF, Kapitel 24, Art. 213.
[75] Vgl ZK DVO, Art. 254-259.
[76] Vgl. ZRdRF, Art. 212.

3.2.6 Die Zollverfahren

Nach dem Zollkodex der Zollunion versteht man unter einem Zollverfahren „eine Gesamtheit von Rechtsnormen, die die Bedingungen für Nutzung der Waren im Zollgebiet der Zollunion oder außerhalb dieses Gebiets festlegen"[77]. Das Verbringen von Waren in das Zollgebiet verpflichtet, die Ware in ein bestimmtes Zollverfahren zu überführen und dessen Regelungen einzuhalten. Im Zollkodex der Zollunion sind 17 Zollverfahren festgelegt:

- Überlassung zum internen Verbrauch;
- Export;
- Zolltransit;
- Zolllager;
- Veredelung im Zollgebiet;
- Veredelung außerhalb des Zollgebiets;
- Umwandlungsverfahren;
- Vorübergehende Einfuhr;
- Vorübergehende Ausfuhr;
- Reimport;
- Reexport;
- Zollfreier Handel;
- Vernichtung;
- Aufgabe zugunsten der Staatskasse;
- Zollfreigebiet;
- Freilager;
- besondere Zollprozeduren.

In dieser Studie können die Verfahren Export, Vorübergehende Ausfuhr, Reimport, Reexport und Veredelung außerhalb des Zollgebiets (passive Veredelung) aufgrund des engen Themenrahmens nicht näher erläutert werden,[78] auf die anderen Verfahren wird im Weiteren eingegangen.

---

[77] AHK Russland, Zollprozeduren in der Zollunion.
[78] Die Beschreibung der nachfolgender Zollverfahren stammt, soweit nichts anderes angegeben aus: ZKdZU, Kapitel 29-43. Übersetzt in Anlehnung an: AHK Russland: Zollprozeduren in der Zollunion.

3.2.6.1 Überlassung zum internen Verbrauch

Dieses Verfahren ist geregelt in den Artikeln 209-211 ZKdZU und entspricht dem europäischen „Übergang in den zollrechtlich freien Verkehr".

Die in das Zollgebiet der Zollunion verbrachten Waren bleiben im Normalfall ohne Einschränkung ihrer Nutzung oder Verbreitung in der Zollunion. Die Waren werden nach der Entrichtung von Zöllen und Steuern dem freien Verbrauch überlassen, wenn sie keinerlei Verboten und Einschränkungen unterliegen, alle benötigten Unterlagen vorliegen und alle nötigen Sicherheitsmaßnahmen getroffen sind. Nach der Überlassung in den freien Warenverkehr nehmen die Waren den Status „Waren der Zollunion" an. Werden jedoch Vergünstigungen bei der Bezahlung der Zollgebühren in Anspruch genommen, die mit einer Begrenzung der Benutzung und/oder der Verbreitung der Waren einhergehen, so erhält die Ware den Status „ausländische Ware". Der Deklarant ist ab Registration der Zolldeklaration zur Entrichtung der fälligen Zollgebühren, Steuern usw. bis zur Freigabe der Waren in den freien Markt verpflichtet.

3.2.6.2 Zolltransit

Dieses Verfahren ist geregelt in den Artikeln 215-228 ZKdZU. Die ausländische Ware legt den Weg von Ankunfts- zur Ausgangs/Zielstelle unter zollamtlicher Begleitung ohne Entrichtung der Zollabgaben zurück. Der Zolltransit kann sowohl durch die Mitgliedsstaaten der Zollunion wie auch durch das Gebiet von Nicht-Mitgliedsstaaten führen.

Der Zolltransit kann vom Ankunftsort (Grenze) in der Zollunion bis zum Ausgangsort aus der Zollunion bzw. bis zur Ankunft an der Binnenzollstelle, von Binnenzollstelle zu Binnenzollstelle, bzw. von der Binnenzollstelle bis zum Ausgangsort aus der Zollunion angewendet werden. Der Zolltransit wird nicht bezüglich Waren, die per Luftfracht transportiert werden, angewandt, wenn das Flugzeug während des internationalen Fluges weder geplante oder außerplanmäßige Landungen mit teilweiser Entladung der Waren durchführt. Die Einhaltung des Zolltransits wird gewährleistet durch die Zollbegleitung und den festgelegten Transportweg. Der Transportweg wird von der Zollbehörde aufgrund der Angaben in den Transportdokumenten festgelegt. Für

Abweichungen von dieser muss eine schriftliche Erlaubnis der Zollbehörde am Beginn des Transportwegs bzw. einer auf dem Weg Liegenden eingeholt werden. Eine schriftliche Erlaubnis ist ebenfalls nötig, wenn die Ware während des Zolltransits umgeladen oder das Transportmittel gewechselt werden muss. Die Zollstelle hat dabei das Recht, die Erlaubnis zu verwe gern, wenn der Verlust von Waren, die Veränderung ihrer Zusammensetzung oder Verletzungen von der Zollbehörde aufgelegten Einschränkungen befürchtet werden. Werden die Zollstempel/siegel nicht verletzt, reicht es aus, die Zollstelle in schriftlicher bzw. elektronischer Form zu informieren.

Das Zollamt hat das Recht, eine zollamtliche Begleitung einzusetzen, wenn es aufgrund vorhandener Risiken notwendig erscheint, die Begleichung der Zollgebühren und Steuern nicht gesichert ist, wenn der Frachtführer seine Verpflichtungen während des Warentransports in der Vergangenheit schon mehrmals verletzt hat. Wird von der Zollbehörde diese Entscheidung gefällt, so muss die zollamtliche Begleitung innerhalb 24 Stunden von dieser organisiert werden.

Die Dauer des Zolltransits wird von der Zollbehörde in Abhängigkeit von der für den Weg gängigen Fahrzeit, dem Fahrzeugtyp und den Möglichkeiten des Transportmittels und/oder der Erklärung des Deklaranten bzw. Frachtführers, falls dieser nicht als Deklarant auftrat, bestimmt. Dieser Zeitraum darf jedoch die Frist, die aus der Berechnung von 2000 km pro Monat entsteht, nicht überschreiten. Der Zielort des Zolltransits wird von der Zollbehörde in Abhängigkeit vom Zielort, welcher in den Transportdokumenten angegeben ist, bestimmt. Zur Beförderung der Waren unter zollamtlichen Siegeln und Stempeln müssen die internationalen Transportfahrzeuge die folgenden Anforderungen erfüllen:

- Zollsiegel müssen leicht und sicher angebracht werden können;
- Die Waren müssen so verstaut sein, dass sie nicht aus dem Transportfahrzeug entnommen werden können, ohne sichtbare Spuren zu hinterlassen bzw. ohne die Zollspiegel/-stempel zu verletzen;
- Es dürfen keinerlei Möglichkeiten, Ware zu verstecken, vorhanden sein;
- Alle Orte, an denen Ware verstaut sein kann, muss einfach zur Zollkontrolle zugänglig sein.

Es kann eine Bestätigung, dass das Transportmittel den aufgeführten Anforderungen entspricht, vor Beginn des Zolltransits eingeholt werden. Dieses kann entweder individuell oder für eine bestimmte Fahrzeugserie von der Zollstelle auf Antrag ausgestellt werden. Sie muss spätestens 3 Tage nach Antragsstellung überreicht werden und ist 2 Jahre gültig, wenn keinerlei Veränderungen am Transportmittel durchgeführt werden. Die Bestätigung behält ihre Gültigkeit auch bei Besitzerwechsel des Transportmittels.

Der Frachtführer ist verpflichtet, die Ware heil und mit unversehrten Siegeln und Stempeln innerhalb des von der Zollstelle vorgegebenen Zeitraums zur vereinbarten Zollstelle zu bringen. Dabei muss der von der Zollstelle bestimmte Fahrweg benutzt werden, falls dieser vereinbart wurde. Wird die Ware nicht gestellt, trägt der Frachtführer die Verantwortung.

Der Zolltransit gilt als abgeschlossen, wenn die Ware an der Zielzollstelle angekommen ist. Dort wird sie bis zum Abschluss des Zollvorgangs im Bereich der Zollkontrolle gelagert. Zum Abschluss des Zollvorgangs muss die Zolltransiterklärung zusammen mit den anderen benötigten Dokumenten vorgelegt werden. Wird die Ware per PKW oder LKW transportiert, müssen die Dokumente innerhalb einer Stunde nach Ankunft bei der Zollstelle abgegeben werden, falls diese zu diesem Zeitpunkt geschlossen ist, innerhalb von zwei Stunden nach Beginn der Arbeitszeit.

Wird die Ware per Flugzeug, Schiff oder Bahn transportiert, müssen die Dokumente innerhalb des Zeitraums, der für den Hafen, Flughafen oder Bahnhof festgelegt wurde, eingereicht werden.

Die Zollbehörde registriert die Abgabe der Dokumente innerhalb einer Stunde. Die Zollprozedur des Zolltransits wird spätestens 24 Stunden danach abgeschlossen. Der Frachtführer oder eine andere beauftragte Person ist innerhalb von drei Stunden nach Abschluss der Zollabfertigungsprozedur verpflichtet, die Ware entweder in ein Zolllager zu überführen oder in ein anderes Zollverfahren überzuleiten.

Bei Unfällen, Überfällen und anderen Ereignissen, die die Erfüllung der Verpflichtungen des Zolltransits verhindern, ist der Frachtführer verpflichtet, alle Maßnahmen zur Sicherung der Ware und des Transportfahrzeuges zu ergreifen, schnellstmöglich bei der nächsten Zollstelle Bericht zu erstatten und die

Überbringung der Ware zu dieser oder einem von dieser festgelegten Ort zu organisieren. Die in diesem Fall entstandenen Kosten werden von der Zollbehörde nicht erstattet. Das Verfahren des Zolltransits entspricht dem europäischen Versandverfahren, wobei interessanterweise die Tendenz umgedreht wird: Wird das Versandverfahren vermehrt angewandt, da die Verzollung vom Grenzort weg zum endgültigen Bestimmungsort verlegt wird, so gibt es in der RF die umgekehrten Bestrebungen, die Zollabfertigung an die Grenze zu verlagern (s.u.).

Wie auch in der EU ist in der RF die Durchführung des Zolls mit der Beförderung von Carnet TIR und Carnet ATA möglich. Da die Gesetzesregelungen zwischen den Ländern der Zollunion noch nicht in allen Bereichen aufeinander abgestimmt ist, ist es momentan noch nicht möglich, Ware, die von einem deutschen Exporteur für einen russischen Importeur transportiert wird, an der belarussischen Grenze zu verzollen. Belarus ist somit ein Transitland, an der Grenze zu Russland wird der Zolltransit eröffnet und führt bis zum Binnenzollort des Importeurs. (bzw. seines Zollvertreters). Dies soll sich jedoch in der Zukunft ändern.

Verfahren Zolltransit

Abb. 11: Verfahren Zolltransit

3.2.6.3 Zolllager

Es gibt zwei Arten von Zollager:
- Das SVH-Lager (Lager der zeitweiligen Aufbewahrung).Dieses Lager wird für Waren, die sich gerade in der Zollabfertigung befinden, benutzt. Es kann maximal 2 Wochen genutzt werden. Diese Frist kann zweimal um jeweils einen Monat verlängert werden.[79]
- Das wirtschaftliche Zollager

Dieses Zollverfahren ist wie sein europäisches Äquivalent ein Nichterhebungsverfahren, jedoch ist die Aufbewahrung auf drei Jahre begrenzt und somit kann die Ware im Gegensatz zum europäischen Zollager nicht zeitlich unbegrenzt gelagert werden.[80]

Es können alle Arten von Waren gelagert werden, außer:
- Waren, deren Haltbarkeits- oder/und ihre Verwertungsfrist ab dem Tag ihrer Zolldeklarierung weniger als 180 Kalendertage beträgt;
- Bestimmte Waren, die durch eine Entscheidung der Kommission der Zollunion festgelegt werden.

Es ist möglich, Waren für die Zollprozedur des Zollager anzumelden, die aufgrund ihrer Größe nicht tatsächlich im Zolllager gelagert werden können. Dafür muss eine schriftliche Erlaubnis der Zollbehörde eingeholt werden.

Waren, die eine begrenzte Haltbarkeits- und/oder Verwertungsfrist besitzen, müssen spätestens 180 Kalendertage vor deren Ablauf in eine andere Zollprozedur überführt werden. Werden dieselben Waren von verschiedenen Deklaranten immer wieder in ein Zolllager überführt, kann die Gesamtaufenthaltsdauer insgesamt die angegebene Höchstdauer von drei Jahren überschreiten.

Während sich die Ware in einem Zollager befindet, können Instandhaltungsmaßnahem an der Ware durchgeführt werden, solange die Ware dabei nicht verändert, ihre Verpackung und Nämlichkeitssicherung nicht beschädigt werden. Mit Erlaubnis der Zollbehörde können jedoch auch einfache Montagearbeiten, Entnahme von Proben und Mustern, sowie Vorbereitungsmaßnahmen

---

[79] Vgl. Russland – Transport und Verzollung.
[80] Vgl. BMF, Zolllagerverfahren.

zum Verkauf und Transport d_rchgeführt werden. Diese Tätigkeiten dürfen jedoch die HS-Charakteristika n cht verändern.

Als Zolllager auftreten können Räume oder offene Flächen, die dazu besonders bestimmt und eingerichtet wurden. Man unterscheidet zwischen offenen und geschlossenen Zolllagern. n offenen Lagern können alle möglichen Arten von Waren von jeder beliebigen Person, die die dafür bezüglich der Ware nötigen Vollmachten besitzt, ge agert werden. Geschlossene Lager sind nur für die Waren des Zolllagerbes tzers vorgesehen. Zolllagerhalter kann jede russische juristische Person sein, die im Register der Zolllagerhalter eingetragen ist.

Das Zollverfahren des Zolllagers wird mit der Überführung der Ware in ein anderes Zollverfahren vor Ablauf der Lagerfrist im Zolllager abgeschlossen. Danach muss die Ware innerha b von drei Arbeitstagen nach dem Tag der Überführung (also 3 Tage+ Tag der Überführung) aus dem Zolllager entfernt werden.

Zolllagerverfahren

```
                    ┌─────────────────────────────┐
                    │  Drittlandsware* wird ohne   │
                    │  Zahlung von Zollabgaben ins │
                    │  Zolllagerverfahren überführt│
                    └──────────────┬──────────────┘
                                   │
                  ┌────────────────┴──────────────────┐
                  │                                    │
    ┌─────────────────────────┐        ┌──────────────────────────────┐
    │                         │        │     Überführung ins          │
    │                         │        │  geschlossene Lager (nur mit  │
    │ Überführung ins offene  │        │    Eintrag ins Register für   │
    │        Lager            │        │      Zolllagerhalter)         │
    └────────────┬────────────┘        └──────────────┬───────────────┘
                 │                                     │
                 └──────────────┬──────────────────────┘
                                │
                    ┌───────────────────────┐
                    │    nach max. drei      │
                    │   Jahren Lagerung      │
                    └───────────┬───────────┘
                                │
              ┌─────────────────┴──────────────────┐
              │                                     │
    ┌───────────────────┐          ┌─────────────────────────────┐
    │   Wiederausfuhr    │          │   Überführung in ein        │
    │  ohne Zollabgaben  │          │   anderes Zollverfahren     │
    │                    │          │  Zollabgaben werden fällig  │
    └───────────────────┘          └─────────────────────────────┘
```

Abb. 12: Zolllagerverfahren

*nicht aus der Zollunion stammende Ware

3.2.6.4 Veredelung im Zollgebiet

Dieses Zollverfahren, welches in den Art. 239-251 ZKdZU geregelt ist, entspricht der Durchführung der aktiven Veredelung nach dem Nichterhebungsverfahren. Das Verfahren der Zollrückvergütung ist im Gegensatz zur europäischen Regelung nicht vorgesehen (Art. 239 ZKdZU). Die eingeführten Waren können innerhalb einer festgesetzten Frist (bis zu 3 Jahren ab Tag des Übergangs der Ware in das Zollverfahren. Wird die Ware in mehreren Lieferungen eingeführt, so ab Tag des Übergangs der ersten Lieferung) veredelt und später ausgeführt werden, ohne das Zölle und Steuern fällig werden. Die ins Zollverfahren übergegangenen Waren sowie die daraus entstehenden Waren behalten bzw. erhalten den Status „ausländische Waren". Bei der Veredelung können Waren der Zollunion benutzt werden. Die Kommission der Zollunion hat das Recht, eine Warenliste zu erstellen, deren Veredelung auf dem Gebiet der Zollunion verboten ist. Die Erlaubnis zur Veredelung muss bei der Zollbehörde beantragt werden, die darüber innerhalb von 30 Tagen zu entscheiden hat.

Als Veredelung gelten folgende Tätigkeiten:

- Bearbeitung oder Verarbeitung von Waren, bei welcher die ausländischen Waren ihre individuelle Charakteristika verlieren;
- Herstellung von Waren, dabei auch Installation, Montage, Demontage und Nacharbeit;
- Reparatur von Waren, dabei auch Restaurierung und Austausch von Ersatzteilen;
- Die Verwendung von Waren als Rohstoff, die zur Produktion von verarbeiteten Produkten beitragen oder sie erleichtern, auch wenn die Ware ganz oder teilweise während der Verarbeitung verbraucht wird. Diese Verwendung von Waren muss zusammen mit den darüber genannten Varianten durchgeführt werden.

Als Veredelung gelten weder das Verpacken von Waren, ihre Vorbereitung zum Verkauf oder zum Transport, die Zucht von Pflanzen und Tieren, die Vervielfältigung und Verbreitung von Informationen, Audio- oder Videoaufnahmen oder von anderen Informationsträgern, noch die Benutzung von ausländischen Waren als Hilfsmittel bei technologischen Prozessen.

Im Gegensatz zur europäischen Regelung muss das Verfahren nicht mit dem Reexport abgeschlossen werden, sondern kann auch durch Übergang in den freien Handel oder eines anderen Verfahrens (außer Zolltransit) beendet werden.

Zollverfahren Veredelung im Zollgebiet

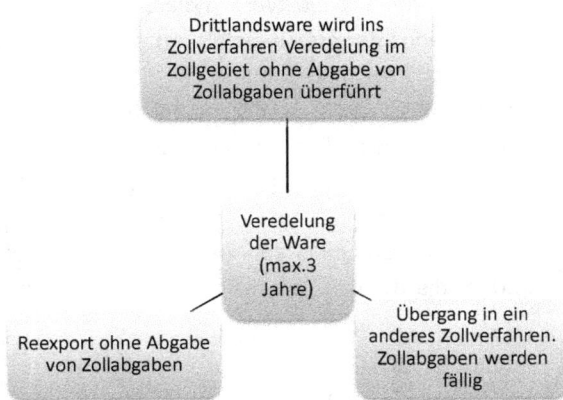

Drittlandsware wird ins Zollverfahren Veredelung im Zollgebiet ohne Abgabe von Zollabgaben überführt

Veredelung der Ware (max.3 Jahre)

Reexport ohne Abgabe von Zollabgaben

Übergang in ein anderes Zollverfahren. Zollabgaben werden fällig

Abb. 13: Zollverfahren Veredelung im Zollgebiet

3.2.6.5 Umwandlungsverfahren

Das Verfahren wurde in den Art. 264-276 ZKdZU festgelegt und für die RF im ZRdRF geregelt, ist aber erst vor kurzem anwendbar, da die Liste der Waren, die zum Verfahren zugelassen sind, erst am 20.08.2011 in Kraft getreten ist[81]. Die Waren, die unter die 46 HS-Nummern (mit einem Regelzollsatz vor 0-20%) fallen, dürfen zum Teil nur die ersten drei Jahre nach Inkrafttreten der Regelung mit diesem Verfahren eingeführt werden. Bei den aufgeführten Waren handelt es sich vor allem um Rohstoffe und Rohmaterialien. Obwohl keine Begrenzung nach Industriebereichen gegeben ist, geht aus dem Brief der Zollverwaltung vom 01.08.2011 Nr. 01-11/36528 hervor, dass mit der auf der

---

[81] Vgl. Postanovlenie pravitel´stva Rossijskoj Federaziji ot 12.07.2011 Nr. 565.

Liste aufgeführten Waren der Bau von PKW-Komponenten für die Autoproduktion angeregt werden soll.[82]

Die eingeführten Waren müssen innerhalb spätestens eines Jahres umgewandelt (ab Tag des Übergargs der Ware in diese Zollprozedur. Wird die Ware in mehreren Lieferungen eingeführt, so ab Tag des Übergangs der ersten Lieferung) werden. Darunter versteht man die Ver- oder Bearbeitung, Neuherstellung, Montage, den Zusammenbau oder die Demontage der Waren. Als Umwandlung gelten weder das Verpacken von Waren, ihre Vorbereitung zum Verkauf oder zum Transport, die Zucht von Pflanzen und Tieren, die Vervielfältigung und Verbreitung von Informationen, Audio- oder Videoaufnahmen oder von anderen Informationsträgern noch die Benutzung von ausländischen Waren als Hilfsmittel bei technologischen Prozessen.

Ziel der Umwandlung ist wie bei ihrem europäischen Äquivalent niedrigere Einfuhrabgaben durch die Umwandlung zu erreichen. Der zweite Aspekt des europäischen Verfahrens, die Einhaltung der für die Ware geltenden spezifischen Vorschriften in die EU, spielt in der russischen Variante aufgrund der Beschaffenheit der Waren (s.o.) keine Rolle.

Damit eine Umwandlung von Waren durchgeführt werden darf, muss eine Erlaubnis von der Zollbehörde eingeholt werden. Außerdem muss ihre Nämlichkeit gesichert sein. Zudem dürfen die umgewandelten Waren nicht mehr unter wirtschaftlich rentablen Bedingungen rückverwandelbar sein. Dies kann jedoch zu großem bürokratischen Aufwand führen, da es schwierig sein kann, diese zwei Punkte zu erfüllen und die HS-Einordnung zu bestimmen. Es fallen keine Zollgebühren an. Jedoch muss beachtet werden, dass dies, im Gegensatz zur europäischen Variante, die Mehrwertsteuer nicht miteinbezieht und diese deshalb für die eingeführte Ware trotzdem entrichtet werden muss[83].

Dieses Zollverfahren wird mit dem Übergang in den freien Handel abgeschlossen.

---

[82] Vgl. Pererabotka dlja vnutrennego potreblenija: novye vozmožnosti.
[83] Letzter Satz des Absatzes: Vgl. Pererabotka dlja vnutrennego potreblenija: novye vozmožnosti.

Zollverfahren Umwandlung

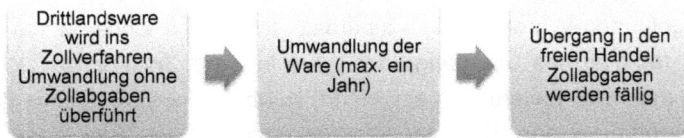

Abb. 14: Zollverfahren Umwandlung

3.2.6.6 Vorübergehende Einfuhr

Dieses Zollverfahren, geregelt in den Art. 277-284 ZKdZU, entspricht im Prinzip dem europäischen der „vorübergehenden Verwendung", da Waren mit vollständiger oder teilweiser Einfuhrabgabenbefreiung für höchstens zwei Jahre eingeführt können, wenn die Nämlichkeit der Ware gesichert ist. Mit dieser Zollprozedur können weder Lebensmittel, Getränke, Tabak, Tabakwaren, Rohstoffe und Halbfabrikate, Abfälle, Verbrauchsstoffe oder Muster (mit der Ausnahme einzelner Exemplare zu Werbe- bzw. Demonstrationszwecken oder als Ausstellungsstück) eingeführt werden. Vorübergehend eingeführte Waren müssen im tatsächlichen Besitz und Gebrauch des Anmelders sein.

Bei teilweiser Befreiung von den Einfuhrabgaben muss, wie auch bei der europäischen Regelung, pro Monat eine Kaution von drei Prozent der Abgaben, die für die Verzollung bei Übergang in den freien Warenverkehr fällig wäre, entrichtet werden. Beim Übergang der Ware in ein anderes Zollverfahren (außer Zolltransit), mit der die vorübergehende Einfuhr abschließt, müssen die Waren in unverändertem Zustand sein.

Zollverfahren Vorübergehende Einfuhr

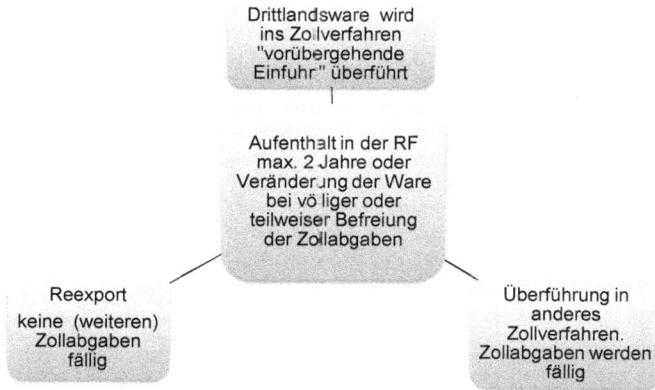

Drittlandsware wird
ins Zollverfahren
"vorübergehende
Einfuhr" überführt

Aufenthalt in der RF
max. 2 Jahre oder
Veränderung der Ware
bei völliger oder
teilweiser Befreiung
der Zollabgaben

Reexport
keine (weiteren)
Zollabgaben
fällig

Überführung in
anderes
Zollverfahren.
Zollabgaben werden
fällig

Abb. 15: Zollverfahren Vorübergehende Einfuhr

3.2.6.7 Zollfreier Handel

Ausländische Waren werden nach Verbringung in das Zollgebiet der Zollunion ohne Entrichtung von Zöllen n Duty-Free-Geschäfte zum Handel übergeben. (wird im Rahmen dieser Studie nicht genauer betrachtet, Vgl. Art 302-
306, ZKdZU).

3.2.6.8 Vernichtung

Dieses Zollverfahren, geregelt nach Art. 307-309 ZkdZU, entspricht seinem
europäischen Äquivalent[84]. Dabei wird die eingeführte Ware unter Zollkontrolle, ohne Abgabe von Zöllen oder Steuern, vernichtet. Hier wird unter Vernichtung der Ware ihre Entschärfung, völlige Zerstörung oder andere Art von Behandlung, die die Ware teilweise oder ganz ihre Konsum- oder/ und andere
Eigenschaften nimmt, verstanden wobei die Ware unter wirtschaftlich rentab-
lem Aufwand nicht mehr zurückverwandelt werden kann. Diese Zollprozedur
kann auch für Waren benutzt werden, die zerstört wurden oder ihre Eigenschaften aufgrund eines Unfalls oder höherer Gewalt verloren haben. Hierbei
müssen die Dokumente, die den Fakt des unumkehrbaren Verlusts der Wa-

---

[84] Vgl. ZK, Art. 182.

reneigenschaften durch Unfall oder höhere Gewalt belegen, vorgelegt werden. Steuern und Zölle müssen nicht entrichtet werden. Folgende Waren können nicht für diese Zollprozedur zugelassen werden:

- Kultur-/Architekturgüter oder Objekte mit historischem Wert;
- Tiere und Pflanzen, die unter staatlichen Schutz stehen;
- Waren, die von der Zollbehörde gepfändet wurden;
- beschlagnahmte Waren, darunter Beweismittel;
- Waren, die auf der von der Kommission der Zollunion erstellten Liste aufgeführt sind.

Die Vernichtung darf nur durchgeführt werden, wenn dadurch keine Gefährdung der Umwelt und der Menschen oder Unkosten für den Staat entstehen. Die Vernichtung wird auf Kosten des Deklaranten durchgeführt. Die durch die Vernichtung der Ware entstandenen Abfälle sind bei einer weiteren möglichen Benutzung in ein entsprechendes Zollverfahren zu überführen.

3.2.6.9 Aufgabe zugunsten der Staatskasse

Dieses Zollverfahren wird nach Art. 310-311 ZKdZU geregelt. Eingeführte Waren werden dem Staat unentgeltlich als Eigentum übergeben. Dafür müssen keine Zölle und Steuern entrichtet werden. (Wird im Rahmen dieser Studie nicht genauer betrachtet).

3.2.6.10 Zollfreigebiet

In Artikel 202, Punkt 1, Unterpunkt 15 ZKdZU ist das Zollfreigebiet als Zollverfahren aufgeführt. Die Bestimmungen für diese Prozedur werden im Vertrag „Vereinbarung zu Fragen der Sonderwirtschaftszone auf dem Gebiet der Zollunion und der Zollprozedur des Zollfreigebiets vom 18. Juni 2010"[85] geregelt. Unter der Sonderwirtschaftszone versteht man einen Teil des Staatsgebiets, auf dem bestimmte, vor allem rechtliche Erleichterungen für unternehmerische oder andere Tätigkeiten im Zollverfahren „Zollfreigebiet" angewendet werden. Die Waren können innerhalb dieses Gebiets gelagert und benutzt werden, ohne dass Zollgebühren, Steuern usw. anfallen. Ausländische

---

[85] Vgl. EEK, Soglašenie po voprosam svobodnych (special´nych, osobych) ekonomičeskich zon.

Waren behalten ihren Status „ausländische Ware". Dieses Zollverfahren kann für alle Waren, die für die Unterbringung und/oder Benutzung der Residenten[86] zur Verwirklichung ihrer unternehmerischen Tätigkeit gedacht sind, angewendet werden. Zudem kann sie auf Waren für Personen angewandt werden, die mit den Residenten einen Vertrag über die Lagerung von Waren abgeschlossen haben. Das Zollverfahren endet mit dem Übertritt der Ware in ein anderes Zollverfahren bei Verlassen der Sonderwirtschaftszone.[87] Es gibt folgende Arten von Sonderwirtschaftszonen:

- Betriebs- und Produktionswirtschaftszone (z.B. in der Stadt Lipezk);
- Sonderwirtschaftszone für die Einführung innovativer Technik (z.B. in St. Petersburg);
- Sonderwirtschaftszone für Touristik und Erholung (z.B. in der Region Altai);
- Sonderwirtschaftszonen mit Zollfreiheit (z.B. im Kaliningrader Gebiet).

Insgesamt gibt es 24 Sonderwirtschaftszonen, die verschiedene Stufen von Steuer- und Zollerleichterungen anbieten.[88]

In Deutschland dagegen gibt es keinerlei Sonderwirtschaftszonen, in Europa momentan nur in Polen, obwohl man die Einführung weiterer Zonen in Südeuropa diskutiert.

3.2.6.11 Freilager

Mit dieser Zollprozedur werden ausländische Waren in die RF (Ort der Lagerung) zur Herstellung von Kraftfahrzeugen und Kfz-Komponenten gebracht, um diese im Weiteren in den freien Warenumlauf zu übergeben. Ausländische Waren, wie auch die produzierten Kraftfahrzeuge und Kfz-Komponenten, die aus dem Freilager in den freien Warenumlauf geleitet werden, sind von der Bezahlung der Zollgebühren (unter Berücksichtigung der Preis- und Quantitätsbeschränkungen) befreit.

---

[86] Ein Resident ist eine juristische oder natürliche Person, die innerhalb der Sonderwirtschaftszone unternehmerisch tätig, dort registriert und im Register der Residenten der Sonderwirtschaftszone aufgenommen ist.
[87] Vgl. Zarubin, Svobodnye tamoženne zony v Tamožennom sojuze.
[88] Vgl. HiK Russland, Sonderwirtschaftszonen (SWZ) in der Russischen Föderation.

Beim Verkauf der Kraftfahrzeuge und Kfz-Ersatzteile in der RF wird jedoch die Mehrwertsteuer fällig. Zum jetzigen Zeitpunkt können Freilager nur für die PKW-Produktion verwendet werden. Um ein Freilager eröffnen zu können, muss eine Lizenz beim Föderalen Zolldienst von einer russischen kommerziellen Organisation beantragt werden, die nach Entscheidung der russischen Regierung erstellt wird. Ein Freilager kann höchstens sieben Jahre lang für ein Investitionsprojekt benutzt werden. Die Mindestnutzung beträgt fünf Jahre.[89] Zum jetzigen Zeitpunkt gibt es jedoch weder in Belarus noch in der RF Freilager.[90]

In der EU dagegen gibt es sowohl Freilager wie auch Freizonen (in Deutschland nur Freizonen, die Freihäfen), wobei die Ware nicht auf eine besondere Art begrenzt und alle industriellen und gewerblichen Tätigkeiten und Dienstleistungen durchgeführt werden können.[91]

3.2.6.12 Besondere Zollverfahren

Hierbei handelt es sich um ein besonderes Zollverfahren, mit der bestimmte Warenkategorien, aufgrund einer von der Zollkommission der Zollunion erstellten Liste ein-und ausgeführt werden, ohne dass Zollgebühren, Steuern, oder Bestimmungen aus nicht-tarifären Regelungen fällig würden[92]. Dies betrifft beispielsweise die Einfuhr von Waren zur Organisation und Durchführung der Olympischen Spiele in Sotschi 2014.[93]

3.2.7 Warennomenklatur der außenwirtschaftlichen Tätigkeit

Nach Art.2 Punkt 2 GZT wird die Warennomenklatur der außenwirtschaftlichen Tätigkeit der RF von der Regierung ausgehend von den in der internationalen Praxis üblichen Systemen der Klassifikation erstellt. Die Warennomenklatur wird für die Umsetzung der Maßnahmen des Zolltarifs und nichtta-

---

[89] Vgl. Tamožennye režimy i procedury.
[90] Vgl. Die Fußnote zum Register „Reestr vladel´cev svobodnych skladov (Respublika Kazachstan)" („Freilager in Kasachstan") auf: Evrajiskaja ekonomičeskaja komissija: Tamožennoe administrirovanie.
[91] Vgl. ZK, Art. 169-181 ZK.
[92] Vgl. ZRdRF, Kapitel 41.
[93] XXII olimpijskich zimnich igr i XI paralimpijskich zimnich igr 2014 goda v g. Soči.

rifärer Regulierungen des Außenhandels und andere Formen der außenwirtschaftlichen Aktivitäten und zur Führung der Zollstatistik angewendet.[94] Die Warennomenklatur ist auf dem HS-System der WZO und der Warennomenklatur der außenwirtschaftlichen Tätigkeit der GUS-Staaten aufgebaut.

Waren müssen nach Art.106 ZRdRF bei ihrer Deklaration klassifiziert und der HS-Code in der Deklaration vom Deklaranten oder seinem Stellvertreter angegeben werden. Wird eine falsche Klassifizierung vorgenommen, nimmt die Zollbehörde selbst die Einordnung vor. Die Zollbehörde kann dabei eine Zollexpertise anordnen oder zusätzliche Dokumente und Informationen anfordern. Von der Einordnung hängt der Steuersatz ab.[95] Die Zolleinnahmen haben für die Russische Föderation einen besonderen Stellenwert, da diese circa 40% der Staatseinnahmen ausmachen.[96] Deshalb kann eine falsche Einordnung sehr ernste Folgen nach sich ziehen, man sollte auf keinen Fall versuchen, dies willentlich zu tun um Zollabgaben zu sparen. Die Warennomenklatur ist mit den Zolltarifnummern in Deutschland vergleichbar und stimmt in den ersten sechs Ziffern mit dem Harmonisierten System überein, besteht jedoch aus 10 Ziffern.

3.2.8 Der Zollwert

Der Zollwert von in die RF eingeführten Waren wird nach Artikel 18 GZT durch folgende Methoden ermittelt:

- Transaktionswert;
- Transaktionswert gleicher Waren;
- Transaktionswert gleichartiger Waren;
- Deduktiv errechneter Wert;

---

[94] Vgl. ZRdRF, Art. 105.
[95] Der einheitliche Zolltarif der Zollunion in seiner neuesten Variante auf der Grundlage der Warennomenklatur der außenwirtschaftlichen Tätigkeit ist als Anlage zur Entscheidung des Rates der Eurasischen Wirtschaftskommission vom 16.07.2012, Nr. 54 auf der Seite der Kommission der Zollunion abrufbar. Vgl. Evrazijskaja ekonomičeskaja komissija, Ob utverždeni edinoj tovarnoj nomenklatury vnešneekonomičeskoj dejatel´nosti.
[96] Vgl. Gorbuchov, Tamožennoe pravo Rossii, S. 112-131.

- Additiv errechneter Wert (entspricht der Methode des errechneten Wertes)
- Schlussmethode.

Wie auch nach dem deutschen System ist die primäre Methode die Ermittlung des Transaktionswertes der Waren. Nur wenn damit der Zollwert nicht festgestellt werden kann, wird die nächste aufgeführte Methode in abfallender Reihenfolge angewendet. Die deduktive und additive können jedoch in umgekehrter Reihenfolge angewendet werden.

3.2.8.1 Die Methode nach dem Transaktionswert

Die Ermittlung des Transaktionswerts nach Art. 19 GZT entspricht im Großen und Ganzen dem in Artikel 29 ZK festgelegten Verfahren[97]. Auch die in Art. 32 ZK festgelegten Hinzurechnungen[98] stimmen überein, jedoch werden die im selben Artikel festgelegten Abzüge[99] nicht berücksichtigt. Es gibt eine Reihe von Fällen, in denen die Transaktionsmethode nach Art. 19 Punkt 2 GZT nicht angewendet werden kann. Dies ist beispielsweise der Fall, wenn der Käufer nicht über die vollständigen Rechte an den Waren verfügt oder die vom Deklaranten angegebenen Daten nicht belegt oder glaubwürdig sind. Auch dürfen die Parteien des Kaufgeschäfts nicht miteinander verbunden sein, außer der Deklarant kann nachweisen, dass dies auf den Verkaufspreis keinen Einfluss hatte. Verbundene Parteien sind beispielsweise Beteiligte an einem Unternehmen, die sich in einem Arbeitsverhältnis zu einander befinden oder miteinander verwandt sind.[100]

Kann die Transaktionsmethode nicht angewandt werden, kommt die Methode des Transaktionswerts gleicher Waren zur Geltung.

---

[97] Vgl. Bundesamt für Wirtschaft und Ausfuhrkontrolle, Transaktionswert für eingeführte Waren.
[98] BMF, Hinzurechnungen nach Art. 32 ZK.
[99] Vgl. ZK, Art. 33.
[100] Vgl. GZT, Art. 19.

3.2.8.2 Transaktionswert gleicher Waren

Nach Art. 20 GZT sind gleiche Waren solche, die in jeder Hinsicht den zu bewertenden Waren entsprechen. Die russischen Regelungen entsprechen im Prinzip denen des ZK[101], jedoch müssen nach dem ZK die Waren in einem annähernd gleichem Zeitraum eingeführt werden, der bei „nicht mehr als 60 Tage vor oder nach der Ausfuhr in die Gemeinschaft der zu bewertenden Ware liegt"[102]. Im GZT wird der Zeitraum als „gleichzeitig mit den zu bewertenden Waren oder nicht mehr als 90 Tage früher als sie"[103] definiert. Können mehrere Transaktionswerte gleicher Ware festgestellt werden, so ist der niedrigste Wert zur Ermittlung des Zollwerts zu wählen. Ist diese Regel nicht anwendbar, weil keine Transaktionswerte gleicher Waren nachweisbar sind, so muss die nächste Methode angewandt werden.

3.2.8.3 Methode nach dem Transaktionswert gleichartiger Waren

Gleichartige Waren sind nach Art. 21 GZT „solche, die, obwohl sie nicht in jeder Hinsicht gleich sind, gleiche Eigenschaften und ähnliche Komponentenzusammensetzungen haben, die es ihnen ermöglichen, gleiche Aufgaben wie die zu bewertenden Waren zu erfüllen und im Handelsverkehr austauschbar zu sein"[104]. Die Regeln zur Berechnung sind bis auf die auch hier gültige und oben erwähnte Frist fast identisch mit den europäischen Regelungen[105], jedoch ist im GZT eindeutig festgelegt, dass Waren, die nicht vom Hersteller der zu bewertenden Waren produziert wurden, nur dann zur Zollwertermittlung benutzt werden dürfen, wenn von diesem Hersteller keine gleichen oder gleichartigen Waren vorhanden sind. Zudem dürfen die Waren keinerlei Entwicklungen, Techniken, Designentwicklungen, Kunstverwertung, Pläne usw. enthalten, die in der RF entwickelt wurden.

Ist dieser Methode nicht anwendbar, so folgt die nächste.

---

[101] Vgl. ZK, Art. 30, Abs.2, Buchstabe a)
[102] Vgl. BMF, Transaktionswert gleicher Waren.
[103] Vgl. GZT, Art. 20.
[104] Vgl. GZT, Art. 21.
[105] Vgl. ZK, Art. 30, Abs. 2 Buchstabe b).

3.2.8.4 Die Methode nach dem deduktiv errechnetem Wert

Diese Methode geht nach Art. 22 GZT von der Annahme aus, dass die bewertenden bzw. gleichen oder gleichartigen Waren ohne Änderung des ursprünglichen Zustands verkauft werden. Die Ermittlung basiert dabei auf dem Preis pro Einheit der Ware, die in den größten Mengen innerhalb von 90 Tagen an eine Partei des Kaufgeschäfts verkauft werden. Diese darf mit dem Verkäufer nicht verbunden sein. Die Regelungen für diese Methode stimmen mit den europäischen überein. Alternativ zu dieser Methode kann die nachstehende benutzt werden.

3.2.8.5 Die Methode nach dem additiv errechnetem Wert

Bei dieser Methode wird nach Art. 23 GZT der Zollwert durch die Addition verschiedener Positionen wie Materialwert und Herstellungskosten, Beförderungs- und Ver-/Ausladungskosten, Versicherung und Gewinn berechnet. Die Regelungen nach Artikel 32 GZT stimmen mit den europäischen Bestimmungen[106] überein.

3.2.8.6 Schlussmethode

Als letzte Methode steht nach Art. 24 GZT die Schlussmethode zur Verfügung. Dabei teilt die Zollbehörde der RF dem Anmelder die verfügbaren Preisangaben mit, wobei der Inlandsmarktpreis der Ware in der RF, der Preis der Ware zur Ausfuhr in Drittländer, der Inlandsmarktpreis von in der RF fabrizierten Waren und willkürliche bzw. nicht bestätigte Werte nicht angewendet werden dürfen. Die Ermittlung erfolgt unter „Berücksichtigung der internationalen Praxis"[107], wobei diese nicht näher erläutert wird.

---

[106] Vgl. ZK, Art. 30 Abs. 2 Buchstabe d).
[107] GZT, Art. 24.

3.2.9 Die Zollgebühren

Nach Art.5 Punkt 5 GZT werden im Gegensatz zur EU sowohl Ein- als auch Ausfuhrzölle erhoben. Um die Höhe der Zollgebühren festlegen zu können, muss zuerst der Zollwert bestimmt werden. Dieser kann nach drei Methoden festgelegt werden:
- Wertzölle, die einem Prozentsatz des Warenzollwerts entsprechen;
- Spezifische Zölle, die pro Maßeinheit der Ware anfallen;
- Mischzölle, die die ersten beiden Arten verbinden.[108]

In der Praxis ist, wie auch im europäischen Verfahren, die grundlegende Methode die Berechnung des Wertzolls. Dafür wird der Transaktionswert der Ware, zu dem die Ware tatsächlich verkauft wird, berechnet. Dazu gehören neben dem Erwerbspreis die Versicherungssumme, die Transportkosten und sonstige Ausgaben. Die zum Nachweis des angegebenen Zollwerts notwendigen Dokumente, die vom Deklaranten vorgelegt werden müssen, sind im Anhang aufgeführt.

Die Zölle setzen sich zusammen aus:[109]
- Einfuhrzoll;
- Zusätzliche Zölle;
- Ausfuhrzoll (wird im Rahmen dieser Studie nicht näher betrachtet);
- Der Einfuhrumsatzsteuer;
- Akzise;
- Zollgebühren.

---

[108] Vgl., GZT, Art. 3, 4.
[109] Vgl., ZKdZU, Art. 70.

3.2.9.1 Einfuhrzoll

Zwischen der RF und der EU gibt es nur eine einseitige Präferenzgewährung seitens der EU[110].

Die Einfuhrzölle werden nach Ermittlung des Zollwerts der Ware mit Hilfe der Sätze des Einheitlichen Zolltarifs der Zollunion[111] festgelegt.

Eine erste Orientierung, ob es besondere Vorschriften und Regelungen für die einzuführende Ware gibt, kann man auf der Homepage der Gtai finden. Dort steht eine Suchmaske zur Verfügung, mit Hilfe welcher man in mehr als 2000 Dokumenten Informationen zu Regelungen bzgl. des betreffenden Landes bzw. des einzuführenden Produkts finden kann.[112]

Zur Unterstützung der europäischen Exporteure gibt es von der EU-Kommission eine kostenfreie Zolltarifdatenbank, mit welcher man die Einfuhrabgaben/Steuern für mehr als 100 Nicht-EU-Staaten ermittelt kann.[113] Die Datenbank kann nur von Nutzern aus der EU bzw. den Beitritts-/Kandidatenländern benutzt werden, aus Russland ist eine Anmeldung nicht möglich, da der Aufenthaltsort automatisch vom System geprüft und die Registration daraufhin verweigert wird. Die Seite der russischen Firma Sigmasoft bietet ebenfalls die Möglichkeit, Informationen konkret zur Einfuhr bestimmter Waren bzgl. Einfuhrregelungen, Zollabgaben, nötiger Dokumente usw. zu bekommen. Die Seite ist kostenfrei, jedoch nur in russischer Sprache verfügbar.[114]

---

[110] Vgl., Verordnung (EG) Nr. 732/2008.

[111] Dieser ist abrufbar als Anlage zur Entscheidung der Evrazijskaja ekonomičeskaja komissijam, „Ob utverždenii edinoj tovarnoj nomenklatury vnešneekonomičeskoj dejatel'nosti tamožennogo sojuza I Edinogo tamozennogo tarifa Tamožennogo sojuza. Rešenije 16.01.2012. Nr. 54".

[112] Vgl. http://www.gtai.de/GTAI/Navigation/DE/Trade/Recht-Zoll/zoll.html

[113] Vgl. Gtai, EU-Zolltarifdatenbank.

[114] Vgl. Spravka po tovaru.

3.2.9.2 Zusätzliche Zollgebühren

Zudem können weitere Zölle erhoben werden:

- Saisonzölle
- Sonderzölle

3.2.9.2.1 Saisonzölle

Saisonzölle (Art. 6 GZT) werden zur operativen Lenkung der Ein-und Ausfuhr von Waren verwendet, wobei die Anwendung sechs Monate im Kalenderjahr nicht übersteigen darf. Diese Zollart spielt im zusammen mit den „speziellen Zöllen" eine ähnliche Rolle wie die europäischen Agrarzölle.

3.2.9.2.2 Sonderzölle

Sonderzölle zum Schutz wirtschaftlicher Interessen werden unterteilt in spezielle Zölle, Antidumpingzölle und Ausgleichszölle. **Spezielle Zölle** (Art. 6-10 N165FZ) werden zur Schutzmaßnahme bei drohender Schädigung der einheimischen Hersteller von gleichartigen oder unmittelbar konkurrierenden Waren eingesetzt oder als Gegenmaßnahme bei diskriminierenden Handlungen anderer Staaten. **Antidumpingzölle** (Art. 11-17 N165FZ) werden, wie in der EU, bei Waren erhoben, deren Preis bei der Einfuhr niedriger als ihr Normalwert im Exportland liegt und ihre Einfuhr deshalb einen Nachteil für einheimische Hersteller darstellt. **Ausgleichszölle** (Art. 18-24 N165FZ) werden ebenfalls wie in der EU, bei der Einfuhr von Waren auferlegt, wenn diese zur Herstellung bzw. Ausfuhr subventioniert wurden und somit besondere Vorteile gegenüber den inländischen Herstellern besitzen. Die Zollsätze dieser Zölle werden nach Untersuchung des jeweiligen Einzelfalls separat festgelegt und sollen die Dumpingspanne, die Subventionen bzw. die entstandene Schädigung ausgleichen (Art. 11 GZT).

3.2.9.3 Die Einfuhrumsatzsteuer (EUSt)

Die russische Einfuhrumsatzsteuer ist mit der deutschen vergleichbar und muss beim Warenübergang in den freien Markt (entweder bei der Einfuhr oder nach der Veredelung von Waren) vom russischen Vertragspartner bezahlt werden. Diese wird folgendermaßen berechnet:

Zollwert der einzuführenden Waren

+ Zollgebühr

x 0,18 bzw. 0,10 Steuersatz

Einfuhrumsatzsteuer

Der Normalsteuersatz ist mit 18% niedriger als der Deutsche mit 19%, für die meisten Lebensmittel, für Kinderbedarf, Druckerzeugnisse (außer für Werbematerial und Erotik) und einige medizinische Erzeugnisse ist ein höherer als in Deutschland üblicher reduzierter Steuersatz von 10% festgelegt.[115] Vergleicht man die unter die Ermäßigung fallenden Waren, so kann festgestellt werden, dass die deutsche Regelung und die russische nicht übereinstimmen. So werden in der Russischen viele Waren für den Kinderbedarf wie Kinderkleidung, Kinderbetten, Kinderwägen und Schulhefte aufgeführt, die in Deutschland unter den Normalsteuersatz fallen.[116]

Bestimmte Waren sind im Gegensatz zur europäischen Regelung[117] von der Einfuhrumsatzsteuer befreit. Dazu gehören zum Beispiel:[118]

- Waren, die als unentgeltliche Hilfeleistung eingeführt werden (Art. 150, P.1 SGB);
- Material zur Herstellung von immunbiologischen Präparaten zur Diagnose, Vorsorge und Heilung von Infektionskrankheiten und bestimmte andere medizinische Erzeugnisse (Art.150, P.3,16 SGB);
- Kulturwertgegenstände, die auf Kosten des staatlichen Budgets usw. erworben wurden (Art. 150, P.4 SGB);

---

[115] SGB, Art. 164, P.2.
[116] Vgl. USt., Anlage 2 zu § 12, Abs. 2 Nr. 1 und 2, und 2. Naloogoblaženie proizvoditsja po nalogovoj stavke 10 procentov priv realizacii (Liste der dem ermäßigten Steuersatz unterliegenden Gegenstände) SGB, Art.164 Punkt 2.
[117] Vgl. USt, Art. 4.
[118] Vgl. SGB, Art. 149,150,164.

- Technologische Ausrüstung, Ersatzteile und Zubehör ohne gleichwertige russische Äquivalente (Art. 150,P.7 SGB);
- Waren zur Erforschung des Weltraums (Art. 150, P.11 SGB);
- Waren, die für die Olympischen Spiele in Sotschi vorgesehen sind (Art. 149,P.27 SGB).

Da die Einfuhrumsatzsteuer nach dem Rechnungsbetrag, durch welchem der Zollwert bestimmt wird, berechnet wird, wird von der IHK geraten, Rabatte usw. in der Rechnung genau auszuweisen, um eventuelle Probleme zu vermeiden. Unter die Steuer fallen auch Nutzungsrechte an Marken, Patente, Beratung, Marketing usw. Ausländische Personen, welche in Russland steuerlich nicht registriert sind, können selbst nicht Steuerschuldner sein (Art. 155 SGB), weshalb der russische Partner als Steueragent auftritt (Art.174 SGB).[119] Der russische Importeur kann die EUSt zurückerstattet bekommen, wenn der deutsche Exporteur diese Kosten übernimmt, hat er keinen Anspruch auf Rückerstattung.[120] Wird die Ware nicht in den freien Handel überführt, wird die EUSt nicht fällig.

3.2.9.4 Akzise

Bei einer Akzise (Verbrauchssteuer) handelt es sich um eine föderale Steuer, die bei Einfuhr von Äthylalkohol, alkoholische Erzeugnisse, Wein, darunter auch Sekt/Champagner, Bier, Tabakwaren, Autos, Benzin, Schmieröl, Erdgas fällig wird.[121] Die Sätze für Akzise sind in Art. 193 SGB für den Zeitraum vom 01.01.2012 bis 31.12.2014 gestaffelt dargestellt. Dabei wird der Steuersatz mit Advalorsätzen und/oder Festsätzen in Rubel pro Wareneinheit dargestellt. Beispielsweise werden für Zigarren vom 01.07-31.12.2012 40 Rubel pro Stück, vom 01.01.2013- 31.12.2013 58 Rubel pro Stück und vom 31.01.2014 bis 31.12.2014 85 Rubel pro Stück fällig.[122] Es wird eine „Akzisemarke" ausgestellt, die normalerweise vom Importeur erworben und an den Exporteur übersandt wird. Die Waren müssen danach noch vor der Zollabfertigung steuerlich markiert werden und dürfen dann nur bei besonders befugten Zoll-

---

[119] Vgl. Brand, Leitfaden Vertragsgestaltung Russland.
[120] Vgl. Gtai.de, Merkblatt über gewerbliche Wareneinfuhren. Russische Föderation. S.10.
[121] Vgl. SGB, Art. 181, Punkt1,2,3.
[122] Vgl. SGB, Art. 193.

ämtern eingeführt werden.[123] Die Akzise ist vergleichbar mit den deutschen Verbrauchssteuern, jedoch wird im Gegensatz zur deutschen Regelung auch Wein besteuert, Kaffee dagegen nicht.

3.2.9.5 Zollgebühren

Im Gegensatz zum deutschen Zollsystem, bei dem nur in Ausnahmefällen Zollgebühren erhoben werden, werden beim russischen Zoll diese immer in Höhe von 0,15% des Warenzollwertes für den Verzollungsvorgang fällig. Davon müssen mindestens 0,1% in Rubel bezahlt werden. Der Rest kann auf Wunsch in Fremdwährung beglichen werden.[124]

3.2.10 Verbote und Beschränkungen

Für verschiedene Waren liegen bei der Einfuhr in die RF Beschränkungen, Quoten oder spezielle Anforderungen vor, bzw. ist der Import der Ware gänzlich verboten.

3.2.10.1 Verbote

Es gibt verschiedene Warengruppen, deren Einfuhr in die RF verboten ist. Das Ministerium für Industrie und Handel hat eine seit dem 27.11.2009 gültige Liste mit allen Waren, deren Ein-und Ausfuhr verboten ist, auf ihrer Internetseite veröffentlicht.[125] Unter diese Waren fallen u.a. Waffen und bestimmte Pflanzenschutzmittel.

---

[123] Vgl. Export-Nachschlagewerk K und M Konsulats- und Mustervorschriften, S. 96.
[124] Nikischenko, Zollabwicklung und Einfuhrformalitäten in Russland.
[125] Vgl. EEK, Edinyj perečen´tovarov, k kotorym primenjajutsja saprety ili ograničenijy na vvoz ili vyvoz gosudarstvami-učestnikami tamožennogo sojuza v ramkach evrazijskogo ekonimičeskogo soobščestva v torgovle s tret´imi stranami. N 859.

3.2.10.2 Beschränkungen

Es gibt verschiedene Arten von Einfuhrbeschränkungen in die RF:
Für einige Waren ist die Vorlage zusätzlicher Lizenzen, Zertifikate, usw. notwendig. Eine genaue Auflistung dieser siehe unter „Zur Einfuhr nach Russland benötigte Dokumente". Im Gegensatz zur europäischen Praxis, bei welcher aus der Einfuhrliste[126] hervorgeht, welche Genehmigung für welche Ware nötig ist, existieren in der russischen Praxis verschiedene Listen für eine Vielzahl von verschiedensten Bescheinigungen. Diese werden gebraucht für:

- Waren, die einer sanitär-epidemiologischen Kontrolle unterliegen.[127] Die Kontrolle wird vom Rospotrebnadzor durchgeführt.
- Waren, die staatlich registriert werden müssen. Die Registration ist beim Rospotrebnadzor vor der Einfuhr zu beantragen.[128]

Für bestimmte Waren existiert eine Quotenregelung.[129] Unter diese Waren fällt zum Beispiel frisches, gekühltes oder eingefrorenes Schweinefleisch.

3.2.10.3 Etikettierungsvorschriften

Im Art.10 P.1 VSG wird allgemein festgelegt, welche Angaben für Waren, die auf dem russischen freien Markt erwerblich sind, zu machen sind. So müssen neben der Beschreibung der grundlegenden Eigenschaften der Ware und der Verpackung auch Informationen zur Entsorgung der Ware und zu Gegenanzeigen bei bestimmten Erkrankungen aufgeführt werden. Zu beachten ist dabei besonders, dass eine Liste von Waren, für welche Informationen zu Gegenanzeigen bei der Anwendung bei bestimmten Krankheiten beizufügen ist,

---

[126] Anhang zur Einhunderteinundsechzigsten Verordnung zur Änderung der Einfuhrliste — Anlage zum AWG, Nr. 197a.

[127] Eine Liste mit der genauen Aufführung der betroffenen Ware ist auf der Homepage der EEK in der neuesten Variante vom 18.10.2011, Teil 1 zu finden. Vgl.:Položenie o porjadke osuščestvlenija gosudarstvennogo sanitarno-epidemiologičekogo nadzora (kontrolja) za licami i transportnymi sredstvami, peresekajuščimi tamožennuju granicy tamožennogo sojuza, podkontrol'nym tovarami, peremešaemymi čerez tamožennuju granicu tamožennogo sojuza i na tamožennoj territorii Tamožennogo sojuza.

[128] Die unter diese Regelung fallenden Waren sind in der gleichen Liste wie für die sanitärepidemologische Kontrolle im Teil 2 zu finden.

[129] Auf der Seite der EEK kann die Entscheidung der Kommission der Zollunion Nr. 865 vom 18. 11.2011 über die Quotenregelung für die Einfuhr bestimmter Waren ab 01.01.2012 eingesehen werden: Perečen' tovarov, v otnošenij kotorych s 01.01.2012 ustanavlivajutsja tarifnye kvoty, o takže ob'emy tarifnych kvot dlja vvoza etich tovarov na territoriju tosudarstv-členov tamožennogo sojuza.

von der Regierung der Russischen Föderation erstellt wurde. Diese Informationen müssen in der technischen Dokumentation der Waren enthalten sein und auf den Etiketten angebracht werden.[130] Detaillierte Informationen zu den für Lebensmittel verpflichtenden Angaben sind im GOST-R 51074-2003 vom 01.07.2005 in letzter Redaktion vom 11.04.2011 (vormals GOST-R 51074-97) zu finden. Die Angabe dieser Informationen in russischer Sprache ist seit 1998 für ausländische Lebensmittel verpflichtend auf Russisch zu machen, ansonsten ist ihr Verkauf in der RF verboten. Die geforderten Informationen sind jedoch ausführlicher, als dass eine bloße Übersetzung der deutschen Etiketten und Gebrauchsinformationen ausreichen würde.[131]

Nach GOST-R 51074-2003 müssen Lebensmittel mit Produktbenennung, Firma, Importeur, Ursprungsland, Gewicht gekennzeichnet werden, wobei zu beachten ist, dass in Russland oft an Stelle von Liter- Grammangaben gemacht werden. So wiegt ein Päckchen Milch „Domik v derevne" der OAO Bimm -Bill´-Dann 950 g. Des Weiteren müssen alle Inhaltsstoffe, die mehr als 2% ausmachen, aufgeführt werden, sowie der Nährwert, der Kalorien- und Vitamingehalt. Zudem müssen Angaben über das Herstellungsdatum und die Haltbarkeit sowie über die Lagerbedingungen gemacht werden. Ist eine Ware auf besondere Art und Weise verarbeitet worden (konzentriert, sterilisiert, genetisch modifiziert) muss dies ebenso aufgeführt werden. Genaueste Angaben über die verschiedenen Lebensmittelgruppen werden in den einzelnen Artikeln des Standards aufgeführt.[132] Zu beachten ist, dass für bestimmte Lebensmittelgruppen, wie für Milchprodukte und für Obst- und Gemüsesäfte mittlerweile TRs erstellt wurden, die die GOST-Regelungen ablösen. TRs werden laufend neu erstellt, so dass es notwendig ist, die Neuregelungen in diesem Bereich stets im Auge zu behalten.[133]

Der Standard „GOST-R 51121-97, „Nonfood. Verbraucherinfomationen" vom 07. 01.1998 wurde auf Anordnung der Föderalen Agentur für technische Regulierung und Metrologie vom 30.11.2004 Nr. 94-st, IUS 1-2005 ersatzlos ge-

---

[130] Vgl. Zakon RF „O zaščite prav potrebitelej" (zakon o pravach potrebitelja).
[131] Vgl. HiK Russland: Einfuhr/Ausfuhrbestimmungen.
[132] Vgl. V otnošenii vvozimych v rossijskuju federaciju inostrannych GOST-R 51074-2003.
[133] Diese werden von ROSSTANDARD erstellt und sind unter www.gost.ru zu finden.

strichen.[134] Die nun für Nonfcod zu beachtenden TRs sind ebenfalls unter www.gost.ru einzusehen.[135]

Die nach TR regulierten Ware⁻ bzw. ihre Verpackung sind mit dem Symbol STR, das die Übereinstimmung mit den technischen Vorschriften kennzeichnet, zu versehen. Für Waren, die noch nach GOST-R reguliert werden, ist die Kennzeichnung RST zu verwerden, die es in drei Ausführungen gibt. Diese Kennzeichnungen entsprechen in ihrer Funktion der CE-Kennzeichnung in Europa.

3.3 Benötigte Unterlagen

3.3.1 Benötigte Dokumente zur Ausfuhr aus Deutschland

Zur Ausfuhr aus Deutschland we⁻den benötigt:

- **Ausfuhranmeldung** über :as Zollsystem ATLAS;
- **Ausfuhrgenehmigung**. Waren, die zur Ausfuhr bestimmt sind, müssen mit dem Vordruck 0733 des Einheitspapiers, bei mehreren Warenpositionen zusätzlich mit dem Vordruck 0734 bei der zuständigen Ausfuhrzollstelle angemeldet werden.[136]
- **Exportlizenzen** für landwirtschaftliche Erzeugnisse. Diese werden von der Bundesanstalt für Landwirtschaft und Ernährung ausgestellt[137].

---

[134] Vgl. Spravočnik po sakonodatel´stvu RF.
[135] Vgl. Pravila primenenija special´noj tamožennoj procedury.
[136] Vgl- HiK Russland: Einfuhr/Ausfuhrbestimmungen.
[137] Gabler Wirtschaftslexikon, Stichwort: Ausfuhrlizenz.

3.3.2 Zur Einfuhr nach Russland benötigte Dokumente[138]

Der Deklarant hat das Recht, die Dokumente in elektronischer Form einzureichen (Art. 158, P.3 ZKdZU). Die Übersetzung der notwendigen Dokumente ins Russische muss von Seite des Deklaranten organisiert und bezahlt werden[139]. Die Zollorgane haben kein Recht, die Annahme der Dokumente aufgrund von Druckfehlern, technischen oder grammatikalischen Fehlern zu verweigern, wenn diese den Inhalt der im Dokument angegebenen Daten, die Einfluss auf die Entscheidung der Zollbehörde über die Freigabe der Waren haben, zu verweigern (Art.176, P.3 ZKdZU). Die Zolldokumente müssen auf Russisch ausgefüllt werden. (Art.176, P.5 ZKdZU).

3.3.2.1 Allgemeine Dokumente

Zur Abfertigung der Waren im russischen Zollverfahren werden folgende Dokumente benötigt:
- **Devisenpass**. Dieser wird von der Hausbank auf Grundlage des Außenhandelvertrags erstellt[140] und dient zur Fremdwährungskontrolle. Liegt dieses Dokument nicht vor, wird der Import nicht gestattet.[141]
- **Außenhandelsvertrag;**
- **Zolldeklaration /Zollerklärung (GTD)**. Wird vom Frachtführer ausgefüllt und vom Zollinspektor bescheinigt.[142] Die Zollerklärung ist festgelegt in Art.181 ZKdZU und muss für alle Zollprozeduren, außer dem Zolltransit, vorgelegt werden. Die für die Zolldeklaration notwendigen Angaben sind im Anhang aufgeführt. Ohne die Deklaration wird die Ware nicht zum Zollverfahren zugelassen. Sie dient zudem als Nachweis über die Übereinstimmung des Handelsabkommens mit den Gesetzen der RF und als Nachweis der Rechtmäßigkeit des Grenzübergangs seitens des Zolls. In einer GTD können bis zu 100 Warenbezeichnungen aufgeführt werden. Dabei wird auf dem Hauptformular TD1 eine Warenbezeichnung aufge-

---

[138] Soweit nichts anderes angegeben, wurde bei der Erstellung der folgenden Aufstellung folgende Quelle benutzt: Russland – Transport und Verzollung.
[139] Vgl. ZKdZU, Art. 158, Punkt 4.
[140] Vgl. Russland – Transport und Verzollung.
[141] Vgl. Ebd.
[142] Vgl. Stat'i. Tamožnja. Gruzovaja Tamožennaja deklaracija.

führt, die weiteren auf den Formularseiten TD2. Pro Seite können drei Warenbezeichnungen aufgelistet, je GTD nicht mehr als 33 Formularseiten TD2 angehängt werden[143].

- **Erklärung über den Zollwert der Ware (DTS):** Die DTS ist eine Anlage zu GTD und ohne diese ungültig. Sie muss für alle Waren, die in die RF importiert werden, ausgefüllt werden, außer wenn:

  o Der Zollwert der Warenpartie unter 5000 USD (außer bei Mehrfachlieferungen im Rahmen eines Vertrags) liegt;

  o Ein Zollverfahren gewählt wird, bei der keine Zölle zu begleichen sind;

  o Waren, für die keine Zölle zu entrichten sind, eingeführt werden;

  Die DTS muss ebenfalls in drei Exemplaren ausgefüllt werden. Die DTS ist auch in zwei Teile aufgeteilt (DTS-1 und DTS-2) die analog zur TD1 und TD2 ausgefüllt werden. Die Deklaration und ihre Anlagen müssen maschinell ausgefüllt werden und jede Seite muss vom Deklaranten unterschrieben sein.[144]

- **Gutachten über den Warenwert** (vor allem bei gebrauchten Waren);

- **Handelsrechnungen** müssen in doppelter Ausführung, in russischer und englischer Sprache, ordnungsgemäß unterschrieben, mit Firmenstempel und allen handelsüblichen Angaben, abgegeben werden[145]. Dabei ist zu beachten, dass das Bruttogewicht ohne Berücksichtigung des Palettengewichts anzugeben ist. Zudem ist die Anzahl der Paletten und deren Gewicht separat zu nennen.[146] Die Handelsrechnung dient als Legitimation der ordnungsgemäßen Ausfuhr, Zollunterlage für den Transit, rechtsverbindliche Zollunterlage für den Warenimport und Grundlage zur Feststellung der Einfuhrabgaben[147]. Die Handelsrechnung muss nicht bescheinigt werden.

- **Pro-forma-Rechnung:** Bei kostenlosen Lieferungen muss eine Pro-forma-Rechnung beigefügt werden, die Einzel- und Gesamtpreisangaben enthält. Sie muss auf Russisch und Englisch vorgelegt werden und den Vermerk

---

[143] Vgl. Ebd.
[144] Morskoj informacionnyj centr, tamoženrve dokumenty.
[145] Die notwendigen Angaben sind im Anhang aufgeführt.
[146] Export-Nachschlagewerk „K und M", Konsulats- und Mustervorschriften. S.95.
[147] Vgl. Russland – Transport und Verzollung.

„Nur für Zollzwecke/ Only for customer clearance" tragen.[148] Zudem muss sie mit einem Firmenstempel versehen sein. Außerdem ist ein Begleitschreiben notwendig, um den Zweck der Warensendung zu begründen.[149]

- **Eine von Exporteur ausgestellte Packliste** in fünffacher Anfertigung[150] mit Angaben zur Warenstruktur und den Packstücken (Art, Gewicht, Inhalt) ist für alle Importe außer von Rohstoffen und Chemikalien nötig.[151]
- **Ursprungszeugnis** in einfacher Ausführung nach Form A, CT-1, nichtpräferenziellen Ursprungs.[152] Bei Ursprung in der BRD muss die Bezeichnung „Europäische Union (Bundesrepublik Deutschland)" angegeben sein.[153] Dieses wird von den Industrie-und Handelskammern bzw. Handwerkskammern ausgestellt;[154]
- **Nachweis der Bezahlung der Abgaben bzw. Garantie des Zollvertreters**, falls solcher hinzugenommen wurde;
- **Frachtrechnung** zur Aufteilung der Frachtkosten bis/von Russischer Außengrenze;
- **Transportversicherungspolice** mit Prämienausweis.

3.3.2.2 Lizenzen und Zertifikate für verschiedene Warengruppen

Für verschiedene Warengruppen können noch zusätzlich Lizenzen und Zertifikate benötigt werden. Ihre Ausstellung kann sehr zeitaufwendig sein, vor allem wenn sie ihrerseits weitere Nachweise zur Erstellung erfordern. Zudem ist zu beachten, dass sie alle in russischer Sprache vorliegen müssen.

- **Einfuhrlizenzen.** Diese sind für bestimmte Warengruppen, wie Arzneimittel und pharmazeutische Erzeugnisse, chem. Pflanzenschutzmittel, alkoholische Erzeugnisse, Waffen und Munition, radioelektrische Geräte und andere Hochfrequenztechnik erforderlich.[155] Sie ist bei Mintorg erhältlich, bzw. bei dessen Vertretung in den einzelnen Gebietskörperschaften. Die

---

[148] Gtai, Wareneinfuhr in die Russische Föderation, S.3.
[149] Export-Nachschlagewerk „K und M" Konsulats- und Mustervorschriften. S.95
[150] HiK Russland: Einfuhr/Ausfuhrbestimmungen.
[151] Schütt, Import-Export Business, S. 73.
[152] Gtai, Merkblatt über gewerbliche Wareneinfuhren., S. 5.
[153] Gtai, Wareneinfuhr in die Russische Föderation. S.6f.
[154] Schütt, Import-Export Business. S. 74.
[155] Export-Nachschlagewerk „K und M", Konsulats- und Mustervorschriften, S.94.

Erteilung der Lizenz erfolgt auf Antragsstellung, Es gibt keinerlei Quoten, jedoch ist sie nur für einen beschränkten Zeitraum gültig und verliert danach ihre Gültigkeit. [156][157]

- **Pflanzengesundheitszeugnisse** werden für die Einfuhr von Pflanzen und pflanzlichen Erzeugnissen benötigt. Dieses stellt in Deutschland der Pflanzengesundheitsdienst aus. Verpackungen und Ladungsträger aus Holz müssen keimbefreit sein und nach den Regelungen ISPM Nr. 15, die im internationalen Handel üblich sind, markiert werden. Ansonsten kann für sie eine phytosanitäre Kontrolle angeordnet werden. [158]

- **Veterinärzeugnisse** sind für Tiere, tierische Erzeugnisse, Tierfutter und Veterinärpräparate u.a. Waren erforderlich. Dieses ist vor der Einfuhr bei Rosselchosnadzor zu beantragen, welcher auch die weitere veterinäre Kontrolle durchführt. Zudem muss ein Veterinärzertifikat aus dem Exportland vorgelegt werden, in Deutschland ist dies beim Veterinäramt der zuständigen Stadt zu beantragen. Der landwirtschaftliche Herstellerbetrieb muss zudem im Register für ausländische landwirtschaftliche Herstellerbetriebe eingetragen sein. [159] Eine genaue Beschreibung der Einfuhr ist auf der Seite der Eurasischen Kommission der Zollunion in der neuesten Version vom 09.12.2011 zu finden. [130]

- **Konformitätserklärungen:** Die Konformitätserklärungen sind vergleichbar mit den CE-Konformitätserklärungen in Europa, wobei die russische Variante im Gegensatz zur europäischen nur von einer externen Zertifizierungsgesellschaft erstellt werden kann. Diese Stelle muss von der Föderalen Agentur für technische Regulierung und Metrologie akkrediert sein. Es gibt momentan vier verschiedene Varianten:
  - o Das GOST-R Zertifikat, das GOST-TR Zertifikat und registrierte Konformitätserklärungen, die nach einem der beiden Standards erstellt wurden. Es gibt verschiedene GOST-R/TR-Arten:
  - o Einmaliges Zertifikat zur einmaligen Benutzung;
  - o 1-jähriges Zertifikat für Serienproduktion;

---

[156] Vgl. Morskoj informacionnyj centr, tamoẑennye dokumenty.
[157] HiK Russland, Einfuhr/Ausfuhrbestimmungen
[158] Gtai, Merkblatt über gewerbliche Wareneinfuhren, S.16.
[159] Ebd.
[160] EEK, Položenie o porjadke osuščestvlerija gosudarstvennogo sanitarno-epidemiologičekogo nadzora.

o 3-jähriges Zertifikat für Serienproduktion, welches eine jährliche In-
spektion erfordert.

Ursprünglich war der GOST-R-Standard in Russland verpflichtend, nun
wird dieser im Zuge der Harmonisierungsbestrebungen schrittweise von
den GOST-TRs ersetzt. GOST-R/GOST-TR Zertifikate werden für Maschinen, Anlagen, Treib- und Schmier- und Baustoffe, Werkzeug, Heilmittel,
Medizintechnik, Haushaltsgeräte, Lebensmittel, Kosmetik, Spielzeug, Mö-
bel, Kleidung, Fahrzeuge und andere Teile benötigt.[161] Die Waren, die
Verpackung, die technische Begleitdokumentation oder das Label sind
durch das entsprechende Konformitätszeichen zu kennzeichnen.[162] Zu
beachten ist, dass zur Erstellung des Zertifikats noch andere Zertifikate
nötig sein können, wie zum Beispiel das Hygienezertifikat. Die Zertifizierung muss vor der Einfuhr durchgeführt werden, es gibt auch deutsche
Firmen, die dabei ihre Unterstützung anbieten. Eine Liste dazu kann in „K
und M" der HK Hamburg nachgeschlagen werden.[163] Das Zertifikat wird in
einem Exemplar ausgestellt, es wird für die Zollabfertigung noch eine be-
glaubigte Kopie benötigt. Diese kann von einem Notar, der Zertifizierungs-
behörde oder einer konsularischen Vertretung der RF ausgestellt werden.

- **Die registrierte Konformitätserklärung**
- Alle Lebensmittel, Chemieprodukte, Zutaten für Lebensmittel, Parfümerie
  und Materialien, die mit Nahrungsmitteln in Berührung kommen, die zum
  ersten Mal eingeführt werden, müssen zuerst staatlich registriert werden.[164] Dies ist nach GOST-R oder GOST-TR-Bestimmungen durchzuführen.
- **Hygienezertifikat/Urkunde** über die staatliche Registrierung von Stoffen:
  Für Lebensmittel, Spielzeug, Kleidung, Kosmetik, Hygieneartikel, Nah-
  rungsmittelzusätze, Desinfizierungsmittel, Tabakwaren, Anlagen und Maschinen zur Herstellung von Lebensmittelprodukten, Baustoffe usw. muss
  bei Rospotrebnadzor ein bis zu fünf Jahre gültiges Hygienezertifikat aus-

---

[161] Vgl.: Schütt, Import-Export Business, S. 64, in Anlehnung an „Worauf es beim Export
ankommt" in: Aussenwirtschaft, Mai 2010.
[162] Vgl. AHK, Konformitätszertifikat GOST R.
[163] Vgl. Export-Nachschlagewerk „K und M", Konsulats- und Mustervorschriften, S.96.
[164] Ebd.

74

gestellt werden.[165] Es kann auch eine Negativbescheinigung ausgestellt werden, dass das Produkt nicht der Zertifizierungsplicht unterliegt.[166] Dies ist sehr zu empfehlen, um unnötige Diskussionen mit den Zollbeamten zu vermeiden.

- **Metrologische Zertifikate** müssen für Messgeräte, die für Gesundheitsschutz, tierärztliche Tätigkeiten, Umweltschutz, Katastrophenschutz, Arbeitsschutz, Betriebe mit besonderen Gefahren usw. von der Föderalen Agentur für technische Regulierung und Metrologie ausgestellt werden.[167]

- **Genehmigungszertifikate des Imports von Quarantänegegenständen** müssen für Zwiebeln, Knollen, lebende Pflanzen, Blumen, Gemüse, Nüsse, Obst, Getreide, Mehl, Samen, Kerne, Schnittholz, Holz- und Sägeholz, Holzverpackung usw. beim Föderalen Veterinär- und Pflanzenschutzamt eingeholt werden.[168]

- **Brandschutzzertifikate** werden für Baustoffe und Bauprodukte, Kabel, Feuerlöschgeräte, Brandmelder, elektrische Tannenbaumgirlanden, Kerzen, Haushaltskühlschränke, Schweißbrenner, Heizofen usw. benötigt. Erhältlich bei Zertifizierungsstellen, die von der staatlichen Brandschutzzentrale akkreditiert sind.[169]

- **Branchenzertifikate.** Für Waren, die in der Luft- und Raumfahrtechnik, Schienenverkehr, Seetransport, Telekommunikation, Datenschutztechnik, Nukleartechnik usw. eingesetzt werden, müssen Branchenzertifikate bei Zertifizierungsstellen, die von den zuständigen Ministerien akkreditiert sind, beantragt werden.[170]

- **Urkunde über die staatliche Registrierung der Medizintechnik / Arzneimittel:** Waren für den Einsatz im medizinischen Bereich (medizinische Geräte, Verbandmaterial, neue und bereits registrierte Arzneimittel, Generika usw.) benötigen eine solche Urkunde. Diese ist beim Föderalen Dienst für die Aufsicht im Gesundheits- und Sozialwesen erhältlich.[171]

---

[165] Vgl. Schütt, Reinhold: Import-Export Business, S. 64, in Anlehnung an „Worauf es beim Export ankommt" in: Aussenwirtschaft Mai 2010.

[166] Vgl. Export-Nachschlagewerk „K und M", Konsulats- und Mustervorschriften, S.95.

[167] Vgl. Schütt, Import-Export Business, S. 64, in Anlehnung an „Worauf es beim Export ankommt" in: Aussenwirtschaft, Mai 2010.

[168] Ebd.

[169] Ebd.

[170] Ebd.

[171] Ebd.

- **Garantieschreiben:** Diese Garantie des Exporteurs bestätigt, dass die Ware dem neuesten Stand der Technik entspricht, sie vollständig und von hoher Qualität ist und in Übereinstimmung mit allen Details des Kaufvertrags produziert wurde. Zudem sichert der Exporteur zu, für Mängel eine gewisse Zeit zu haften.[172]

- **Betriebsgenehmigung:** Neben dem GOST- oder TR-Zertifikat wird für viele technische Waren eine Betriebsgenehmigung verlangt. Das ist vor allem bei Maschinen, technischer Ausrüstung, Industrieanlagen, Druckbehältern, Ausrüstung und Apparate der chemischen, Erdöl- und Erdgasindustrie, des Bergbaus und bei explosionsgeschützten Anlagen der Fall. Es muss eine Registrierung bei Gosgortechnadsor in Moskau beantragt werden. Dafür ist eine Expertise über die industrielle Sicherheit bei einer akkredierten Expertenorganisation nötig. Die russischen Sicherheitsanforderungen entsprechen den deutschen/ europäischen nicht. Deshalb ist eine TÜV-geprüfte Anlage nicht automatisch in Russland zulassbar.[173]

- **Bestätigung der Abgasnorm:** Werden Pkws eingeführt, müssen diese bis 31.12.2013 der Euro-4-Abgasnorm, ab 01.01.2014 den Euro-5-Abgasformen entsprechen.[174]

3.3.2.3 Transportdokumente

Für den Transport nach Russland und den Transit zum Zielpunkt sind verschiedene Transportdokumente notwendig:

- **CARNET-ATA:** Für Waren, die nur vorübergehend (max. 2 Jahre) nach Russland gebracht werden sollen, muss ein CARNET-ATA bei der IHK beantragt werden, dass auf Deutsch und Russisch ausgestellt sein muss. Dabei muss für Russland beachtet werden, dass die Ware immer von der ausdrücklich genannten Person begleitet werden muss.[175] Beigefügte Vollmachten für andere Personen werden nicht anerkannt. Die DIHK in Berlin rät zwingend, eine Begleitperson auszuwählen, die in der Lage ist, auf Russisch mit den Zollbeamten zu verhandeln. Alle Waren müssen mit

---

[172] Vgl. HiK Russland: Einfuhr/Ausfuhrbestimmungen.
[173] Vgl. Struve, Einfuhrbestimmungen und Zertifizierung in der Russischen Föderation.
[174] Vgl. Gtai, Merkblatt über gewerbliche Wareneinfuhren. Russische Föderation. S.5.
[175] Vgl. Struve, Einfuhrbestimmungen und Zertifizierung in der Russischen Föderation.

ihrem HS-Code zu jeder Warenposition im Carnet A.T.A. aufgeführt werden.[176] Die Einfuhr mit Carnet ATA ist nicht an jeder Zollstelle möglich. Eine aktuelle Übersicht der ICC World Chambers Federation kann von der Homepage der IHK Region Stuttgart heruntergeladen werden.[177] Dazu kommt, dass das Carnet ATA für Russland in Belarus nicht anerkannt wird, und somit kein Landweg über Belarus für Transitzwecke möglich ist. Ist die Ware teilweise von Einfuhrabgaben befreit, muss für jeden angefangenen Verwendungsmonat drei Prozent der Abgaben, die beim Zollverfahren „Abfertigung in den freien Markt" fällig geworden wären, beglichen werden. Einige Waren sind vollständig befreit.[178]

- **CMR Frachtbrief** bei LKW-Transporten, (oder AWB, Bahnfrachtbrief bei Bahnsendungen). Die nötigen Angaben sind im Anhang aufgeführt. Der CMR-Frachtbrief dient als Beweis über den Abschluss/Inhalt des Beförderungsvertrags und als Quittung und Ablieferungsnachweis für Menge und Zustand des Gutes.[179]

- **TIR Carnet:** Zum Transport durch Mitgliedsstaaten des TIR-Abkommens, für Waren die ohne Umladung von der Abgangszollstelle zur Bestimmungszollstelle befördert werden.[180] Sowohl die RF, als auch die Ukraine und Belarus sind Vertragsparteien des TIR-Übereinkommens von 1975.[181]

- **Konnossemente**, die nicht beglaubigt sein müssen.[182]

Je nach Transportmittel können noch andere Dokumente fällig werden, die in Art. 159 ZKdZU aufgelistet sind. Dieser knappe Überblick zeigt, dass die Vorbereitung der benötigten Dokumente äußerst aufwendig sein kann, weshalb unbedingt frühzeitig damit begonnen werden sollte, da die Ausstellung der russischen Lizenzen und Bestätigungen viel Zeit in Anspruch nehmen kann,

---

[176] Vgl. HK Hamburg, Carnet A.T.A. S.1-3.
[177] Vgl. ICC World Chambers Federation, The List of Customs Offices entitled to accept ATA Carnets for the purposes of Customs clearance.
[178] Vgl. Gtai, Merkblatt über gewerbliche Wareneinfuhren. Russische Föderation. S.6-7.
[179] Vgl. Russland – Transport und Verzollung.
[180] Vgl. Ebd.
[181] Vgl. Liste der Vertragsparteien des TIR-Übereinkommens. Einsehbar auf: http://www.zoll.de/DE/Fachthemen/Zoelle/Zollrechtliche-Bestimmung/Zollverfahren/Versandverfahren/Carnet-TIR/Grundlagen/Allgemeine-Grundlagen/allgemeine-grundlagen.html
[182] Vgl. Export-Nachschlagewerk „K und M" Konsulats- und Mustervorschriften, S.95.

da auch alle zur Erstellung notwendigen Dokumente ins Russische übersetzt werden müssen.

3.4 Exportverfahren von Deutschland nach Russland

3.4.1 Lieferbedingungen

Die gebräuchlichsten Lieferbedingen sind für den Landtransport EXW oder CPT. Bei EXW und FCA hat der deutsche Exporteur jedoch keinerlei Kontrolle über den Warenaustritt, was zu Problemen bei der USt-Befreiung führen kann. Zudem kann es, falls der Partner versuchen sollte, falsche Angaben bei der Warendeklaration beim Import in die RF zu machen, für den Exporteur negative Folgen haben, auch wenn die Verantwortung für den Import laut Incoterms beim Importeur liegt.[183]

Gtai empfiehlt für den deutschen Exporteur CPT, da somit der deutsche Exporteur den Spediteur wählen kann und für die Ausfuhrabfertigung zuständig ist, der Importeur die Lagerkosten bis zur Verzollung und die Einfuhrabnahmen trägt. DDP ist nicht empfehlenswert, unter anderem weil der deutsche Exporteur die Einfuhrumsatzsteuer nicht als Vorsteuer absetzen kann, der russische Importeur jedoch diese wie auch die Zölle geltend machen kann. Für Gtai ist die Forderung eines russischen Importeurs, die Ware mit DDP zu verzollen, ein Zeichen dafür, dass dieser unerfahren oder unseriös ist.[184]

3.4.2 Der Transportweg

Für den Transport im Straßenverkehr sind von Deutschland nach Russland verschiedene Transportwege gängig:

- Über Polen und Belarus: Hierbei gibt es das Problem, das Belarus das Carnet ATA für Russland nicht anerkennt. Für EU-Bürger (Frachtführer) muss ein extra Visum für Belarus zusätzlich zum russischen Visum beantragt werden, was kosten-und zeitaufwendig ist.

---

[183] Vgl. Russland- Transport und Verzollung.
[184] Vgl. Gtai, Merkblatt über gewerbliche Wareneinfuhren. Russische Föderation. S.3.

- Über das Baltikum: Die Infrastruktur ist in schlechtem Zustand, jedoch gibt es keinerlei weitere Transitländer, keine weiteren Visa müssen beantragt werden;
- Über die Ukraine: Hierbei tritt die Ukraine als Transitland auf. Für die Ukraine muss somit ein Transitverfahren eröffnet werden. Es werden jedoch keinerlei zusätzliche Visa für EU-Bürger nötig.

Die Haupttransportstrecke läuft über Belarus, man sollte jedoch jeweils die Vor-und Nachteile bei der Wahl des Transportweges überdenken. Mit sich verbessender Infrastruktur im Baltikum wird diese Route sicher an Attraktivität gewinnen. Für den Transport per Schiff kommt die Einfuhr über St. Petersburg bzw. über Finnland in Frage [185]

3.4.3 Einfuhrort

Das für die Zollunion gültige Ansässigkeitsprinzip besagt, dass eine Zollanmeldung nur bei der Zollstelle eingereicht werden dar, die im Tätigkeitsgebiet der juristischen Person, die als Zollanmelder registriert ist, vorgelegt werden darf.[186] Dies bedeutet, dass falls ein Zollvertreter die Zollformalitäten übernommen hat, die Ware an „seiner" Zollstelle deklariert werden muss.

In Russland muss man wie in der EU zwischen der Binnenzollstelle und der Außenzollstelle unterscheiden. Im Gegensatz zu den deutschen Zollterminals sind die russischen in privater Hand. Die Betreiber müssen eine Lizenz zur Verzollung und für temporäre Lager (SVH-Lager), in welcher sich die Ware und das Transportmittel während der Verzollung befinden, besitzen. Diese Lizenzen gelten für verschiedene Warenarten, so dass nicht jede Ware an jedem Terminal verzollt werden kann, und sind zeitlich befristet. Auf der Seite des föderalen Zolldiensts kann man genaue Listen finden, in welchen aufgeführt wird, welche Ware an welcher Zollstelle zum Beispiel mit veterinärer Kontrolle[187] abgefertigt werden kann. Meist sind die Terminalbetreiber auch

---

[185] Vgl. Russland- Transport und Verzollung.
[186] Vgl. Gtai.de Merkblatt über gewerbliche Wareneinfuhren. Russische Föderation. S.4
[187] Vgl. Mesta soversenija tamožennych operacij v regione dejatel´nosti Moskovskoj oblastnoj tamožnij Central´nogo tamožennogo upravlenija

gleichzeitig Zollvertreter.[188] 2008 wurde das „Konzept der Zollabfertigung und Zollkontrolle der Waren in Orten nahe der Staatsgrenze der Russischen Föderation" verabschiedet. Obwohl die Verlegung der Zollabfertigung an die Grenze und die Reorganisation der Binnenzollstellen bereits seit 20.01.2011 durchgeführt wird, ist diese noch lange nicht abgeschlossen. Die nötige Infrastruktur dafür ist jedoch noch nicht entwickelt.[189]

3.4.4 Ablauf der Wareneinfuhr von Deutschland nach Russland

Im Weiteren soll nun der Ablauf der Wareneinfuhr von Deutschland nach Russland beschrieben werden. Dieser wird in verschiedene Abschnitte unterteilt, wobei nur knapp auf das Ausfuhrverfahren der Ware aus Deutschland eingegangen wird, da vor allem auf die Besonderheiten des russischen Systems eingegangen werden soll.

Der Ablauf der Wareneinfuhr von Deutschland nach Russland

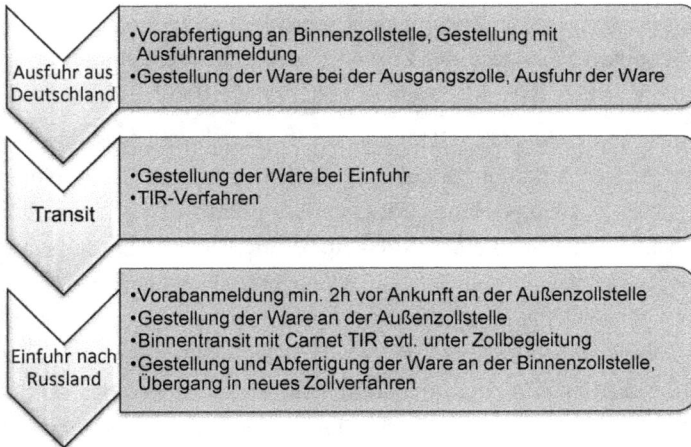

Ausfuhr aus Deutschland
- Vorabfertigung an Binnenzollstelle, Gestellung mit Ausfuhranmeldung
- Gestellung der Ware bei der Ausgangszolle, Ausfuhr der Ware

Transit
- Gestellung der Ware bei Einfuhr
- TIR-Verfahren

Einfuhr nach Russland
- Vorabanmeldung min. 2h vor Ankunft an der Außenzollstelle
- Gestellung der Ware an der Außenzollstelle
- Binnentransit mit Carnet TIR evtl. unter Zollbegleitung
- Gestellung und Abfertigung der Ware an der Binnenzollstelle, Übergang in neues Zollverfahren

Abb. 16: Der Ablauf der Wareneinfuhr von Deutschland nach Russland

---

[188] Vgl. Russland- Transport und Verzollung.
[189] Vgl. Ebd.

3.4.4.1 Ausfuhr aus Deutschland

In Deutschland gibt es ein zweistufiges Ausfuhrverfahren: [190]

1.Stufe: Abgabe der Ausfuhranmeldung bei der Binnenzollstelle (Ausfuhrzollstelle) und Gestellung der Ware mit dem Anmeldeformular (EG-Einheitspapier für die Ein-und Ausfuhr von Gütern). Die Ausfuhranmeldung für Güter mit einem Wert von mehr als 1000 Euro wird über das ATLAS-System durchgeführt. Der Anmelder erhält eine Movement Reference Number. Die Ausfuhrzollstelle stellt ein Ausfuhrbegleitdokument (ABS) aus und übermittelt alle Daten an die genannte Ausgangszollstelle. Für bestimmte Waren ist zusätzlich eine Ausfuhrgenehmigung einzuholen und an der Ausfuhrzollstelle abzugeben. Diese ist laut AWG §7 nötig für Waffen, Munition und Kriegsgerät/-gegenstände, Konstruktionszeichnungen oder anderweitige Fertigungsunterlagen, Erfindungen, Herstellungsverfahren, Erfahrungen, die zur Entwicklung, Erzeugung oder deren Einsatz benützt werden können.[191] Besondere Aufmerksamkeit ist hinsichtlich benötigter Genehmigungen den sogenannten Dual-Usegütern nötig. Für welche Waren im Einzelnen eine Genehmigungspflicht vorliegt, kann den sogenannten Ausfuhrlisten entnommen werden.[192] Im Rahmen dieser Studie kann jedoch nicht näher auf in Deutschland genehmigungspflichtige Waren eingegangen werden. Momentan sind vom Bundesamt für Wirtschaft und Ausfuhrkontrolle keinerlei Embargos gegen die Russische Föderation aufgeführt.[193] Bezüglich des Empfängers der Ware ist zu prüfen, ob dieser auf der Terrornamenliste aufgeführt ist. Wenn dies der Fall ist oder die Ware auf der Anti-Folter-Verordnung aufgeführt ist, ist die Ausfuhr unzulässig[194].

---

[190] Vgl. Russland- Transport und Verzollung.
[191] AWG, §7.
[192] Vgl. Bundesamt für Wirtschaft und Ausfuhrkontrolle: Ausfuhrlisten.
[193] Vgl. Bundesamt für Wirtschaft und Ausfuhrkontrolle: Embargos.
[194] Vgl. Elbers, Frank u.a., Praktische Arbeitshilfe, S. 70-76.

2.Stufe: Gestellung der Ware an der Ausgangszollstelle

An der Ausgangszollstelle muss die Ware gestellt und das Ausfuhrbegleitdokument vorgelegt werden. Waren mit einem Wert bis zu 3000 Euro können direkt an der Ausgangszollstelle gestellt und müssen nicht an der Ausfuhrzollstelle zollrechtlich behandelt werden. Bei einem Warenwert bis zu 1000 Euro kann diese hier mündlich angemeldet werden.[195] Nachdem die Ware das Zollgebiet der EU verlassen hat, übermittelt die Ausgangszollstelle der Ausfuhrzollstelle die Daten über den Ausgang der Ware. Danach stellt diese dem Anmelder eine Bestätigung des Warenausgangs aus. Zur vorübergehenden Ausfuhr muss ein Carnet A.T.A. bei der zuständigen IHK beantragt werden.

In Deutschland gibt es verschiedene vereinfachte Anmeldeverfahren:[196]
- Unvollständige Ausfuhranmeldung;
- Vereinfachte Anmeldung;
- Anschreibeverfahren bzw. Zugelassener Ausführer;
- Vertrauenswürdiger Ausführer.

Auf diese, wie auch auf die Möglichkeit, die Ware außerhalb des Amtsplatzes zu gestellen, wird hier nicht weiter eingegangen, da dies den Rahmen dieser Studie sprengen würde und vor allem die Besonderheiten des russischen Systems herausgearbeitet werden.

Den gesamten Ablauf des Ausfuhrvorgangs stellt die folgende Abbildung noch einmal zusammenfassend dar:

---

[195] Handel außerhalb der EU.
[196] Vgl. Elbers, Frank u.a., Praktische Arbeitshilfe, S. 64ff.

Warenausfuhr aus Deutschland[197]

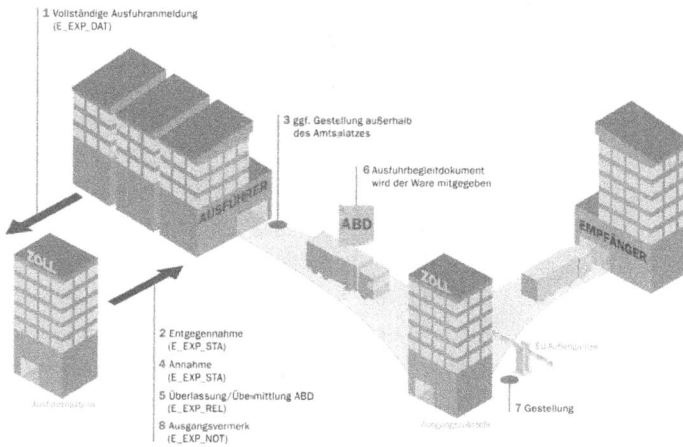

1 Vollständige Ausfuhranmeldung
(E_EXP_DAT)

3 ggf. Gestellung außerhalb
des Amtsplatzes

6 Ausfuhrbegleitdokument
wird der Ware mitgegeben

2 Entgegennahme
(E_EXP_STA)

4 Annahme
(E_EXP_STA)

5 Überlassung/Übermittlung ABD
(E_EXP_REL)

8 Ausgangsvermerk
(E_EXP_NOT)

7 Gestellung

Abb. 17: Warenausfuhr aus Deutschland

3.4.4.2 Transport durch Transitländer

Beim Straßentransport von Deutschland nach Russland tritt die Ukraine oder Belarus als Transitland auf. Dabei wird meistens das TIR-Verfahren angewandt. Die Ware muss bei der zuständigen Zollstelle gestellt werden, wobei man sich häufig auf die Kontrolle der Dokumente beschränkt. Das Versandverfahren wird mit dem Verlassen des Transitlandes an der Austrittsgrenze abgeschlossen.[198]

---

[197] Abbildung aus: Exportabwicklung kommt endlich da an, wo sie hingehört.
[198] Vgl. Russland- Transport und Verzollung.

3.4.4.3 Einfuhr nach Russland

3.4.4.3.1 Vorabanmeldung und Abfertigung an der Außenzollstelle

Ab 17.06.2012 müssen Importe nach Russland vorab angemeldet werden. Momentan betriff dies nur Güter, die im Straßenverkehr befördert werden. Die Zollbehörde macht jedoch auf dem Portal für elektronische Datenübermittlung darauf aufmerksam, dass man beim Schienenverkehr die Vorabanmeldung nicht später als zwei Stunden vor Ankunft, beim Straßenverkehr nicht später als eine Stunde übermitteln sollte[199], so dass die Vorabanmeldung auch beim Schienenverkehr auf Wunsch durchführbar ist. Die Zollstelle führt während dieser Zeit eine Risikoanalyse durch. Dies soll helfen, den Zeitaufwand für die Zollanmeldung der Ware auf 15 Minuten zu reduzieren.[200] Die elektronische Vorabmeldung wird über ein sogenanntes „Persönliches Kabinett" auf dem Portal für elektronische Datenübermittlung des Zolldiensts durchgeführt, welches kostenlos benutzt werden kann.

Langfristiges Ziel ist es, genau wie beim europäischen ICS, zu gewährleisten, dass Einfuhren in einem Mitgliedsstaat der Zollunion- zum Beispiel in Belarus- begonnen in einem anderen - zum Beispiel Kasachstan- beendet werden können. Um dies nutzen zu können, muss man sich einmalig registrieren. Keine Vorabanmeldung ist nötig für[201]:

- privat genutzte Waren und Beförderungsmittel;
- internationale Postsendungen;
- Diplomaten- und Konsulargut;
- zur Bekämpfung der Folgen von Naturkatastrophen und Unfällen einzuführende Waren;
- Militärgut.

---

[199] Vgl. Portal elektronnogo predstavlenija svedenij.
[200] Vgl. Gtai, Zollunion Russland-Belarus-Kasachstan – Vorabanmeldung bei der Einfuhr im Straßengüterverkehr.
[201] Vgl. Gtai, Russische Föderation – Vorabanmeldung bei der Einfuhr im Straßengüterverkehr.

Das Einreichungsverfahren der Information der Vorabanmeldung besteht aus zwei Etappen:[202]

1. Vor der Ankunft an der Zollstelle

Die Vorabanmeldung muss alle grundlegenden Informationen über die Ware und das Transportmittel enthalten. Diese wird dann im „Persönlichen Kabinett" registriert. Nach der Registration erhält der Deklarant eine Identifikationsnummer der Vorabanmeldung.

2. An der Grenze

An der Zollstelle muss die Ware und das Transportmittel gestellt und die Identifikationsnummer der Vorabanmeldung und alle nötigen Dokumente vorgezeigt werden, die mit der Vorabmeldung verglichen werden. Der Zollbeamte kontrolliert die Unversehrtheit der Plomben. An der Außengrenze wird dem Fahrzeug ein Zollterminal zugesprochen, welches nicht geändert werden kann. Mit Carnet TIR ist die Weiterfahrt zum Endzollamt möglich, da damit die Entrichtung der Zollabgaben bis zu 50.000 USD garantiert ist. Bei Waren, für die höhere Zollabgaben gefordert werden, bzw. wenn kein Carnet TIR verwendet wird, können weitere Garantien gefordert und eine Zollbegleitung eingesetzt werden. Die Kosten dafür trägt der Deklarant der Ware. Durch die nötige Zollbegleitung kann es zudem zu Verzögerungen kommen.[203]

3.4.4.3.2 Endzollamt

Wird der Import über einen Zollvertreter abgewickelt, kommt die Ware an die Zollstelle, an der dieser registriert ist. Bestimmte Warengruppen können nur an speziellen Zollstellen abgefertigt werden. Der Transport wird ins temporäre Zolllager gebracht und bleibt dort bis zur Endverzollung. Hier wird die Zollprozedur ausgewählt und die Verzollung berechnet. Normalerweise muss die Ware innerhalb von zwei Tagen (nach dem Zollkodex der RF waren es drei) vom Zoll verzollt werden, wenn jedoch Fragen auftauchen oder weitere Dokumente nötig werden, wird diese Frist verlängert.[204]

---

[202] Vgl. Portal elektronnogo predstavlenija svedenij.
[203] Vgl. Exportbericht Russland, S. 29.
[204] Vgl. Ebd. S. 30.

Der Erhalt des fehlenden Zertifikats kann dabei bis zu fünf Monaten in Anspruch nehmen[205], von daher sollte unbedingt vor Beginn des Importverfahrens kontrolliert werden, ob alle benötigten Unterlagen auch wirklich vorhanden sind. Die Ware wird erst zum freien Verkehr freigegeben, wen die Zollgebühren und Einfuhrnebenabgaben entrichtet worden sind. Es ist jedoch eine Stundung des Betrags möglich.[206] Eine Möglichkeit, die Freigabe zu beschleunigen ist die Vorabüberweisung einer bestimmten Summe an den Zollvertreter. Dies wird vor allem von größeren Firmen, die regelmäßige Lieferungen erhalten, wahrgenommen. Der Broker bezahlt dann sofort aus diesen Mitteln die zu entrichtete Summe. Der Zollwert der Ware wird vom Deklaranten mit den nach dem Gesetz bestimmten Methoden ermittelt und dessen Richtigkeit von den zuständigen Zollbeamten kontrolliert (Art. 13, P. 2, GZT). Hat der Zollbeamte Zweifel an den Angaben, kann er die Beschauung der Ware anordnen. Nach Artikel 177 ZKdZU P.1 haben interessierte Personen oder ihre Stellvertreter das Recht, bei der Durchführung der Zollbehandlung ihrer Ware anwesend zu sein, im Gegenzug kann vom Zollbeamten ihre Anwesenheit verlangt werden (P.2), um bei der Durchführung behilflich zu sein. Die Einfuhr nach Russland wird zusammenfassend der folgenden Abbildung zu entnehmen:

---

[205] Vgl. Zoll-Tipps Russland, S.3.
[206] HiK Russland, Einfuhr/Ausfuhrbestimmungen.

Wareneinfuhr nach Russland

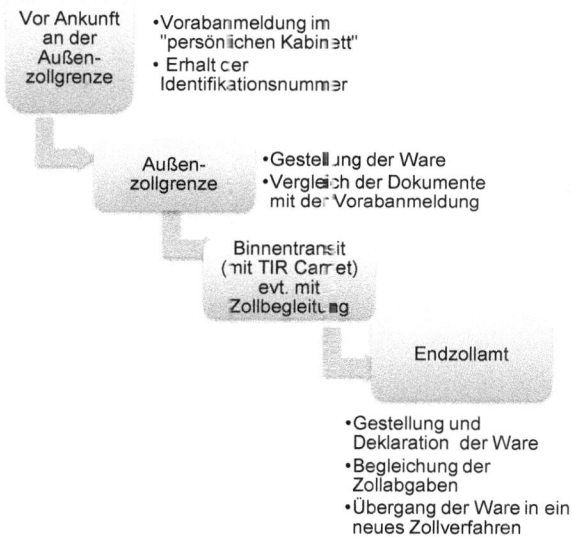

Abb. 18: Wareneinfuhr nach Russland

3.5   Russland als zukünftiges Mitglied der WTO

Nachdem Ende 2011 alle Aufnahmeverhandlungen mit der WTO erfolgreich abgeschlossen wurden und die Staatsduma der Russischen Föderation den Beitritt am 21.07.2012 ratifiziert hat, wird Russland nun am 22.08.2012 nach 18 Jahren Verhandlungen das 156 vollberechtigte WTO-Mitglied. Dadurch sollen in Kürze einige Erleichterungen für das Import-Geschäft nach Russland anfallen[207]:

- Die Lizenzpflicht für alkoholhaltige Produkte, Medikamente und Verschlüsselungstechnik soll entfallen;

- Transporttarife für Importwaren auf dem Eisenbahnnetz sollen mit den für russische Waren gleichgesetzt werden;

---

[207] AHK Russland, Russland tritt der WTO bei. S.1f.

- Verschiedene Zölle werden gesenkt, darunter für Milchprodukte von 19,8% auf 14,9%, für Getreide von 15,1% auf 10,0% und für Informationstechnologie von 5,4% auf 0%.
- Die Subventionen im landwirtschaftlichen Bereich müssen von 9 Mrd. USD auf 4,4 Mrd. USD gekürzt werden.

Schon ab 1.10.2012 werden die ersten Punkte umgesetzt werden, die meisten Senkungen jedoch bis 2015.[208] Die Quotenregelung für Rind-und Geflügelfleischimporte werden weiterhin beibehalten, die für Schweinefleisch laufen zum Jahresende 2019 aus und werden danach von einem Zoll von unter 25% ersetzt. Für die nächsten Jahre wird eine allgemeine Senkung der Einfuhrzölle erwartet.

Positiv auswirken könnten sich für deutsche Hersteller vor allem die niedrigeren Einfuhrzölle auf Agrarprodukte auf einen Durchschnittszollsatz von 11,5% (weniger als die Importzölle der EU für Agrarprodukte). Zudem werden die Zollsätze auf lebende Tiere stark reduziert, so für Schweine von 40% auf 5%. Es wird deshalb eine Rückkehr zur Importmenge von 2009, vor Einführung des hohen Zollsatzes, erwartet. Nach Bernd Hones ist hier ein weiterer wichtiger Punkt die Anpassung der Veterinär und Pflanzenschutzbestimmungen, da diese oft der Grund für eine Importverweigerung darstellten, sobald Antibiotikarückstände im deutschen Fleisch gefunden wurden.[209]

Zudem ist man bezüglich der Bekämpfung von Plagiaten im Textilbereich sehr optimistisch, da man hofft, dass durch Zollsenkung die Fälschung der Waren unrentabel wird und durch den Eintritt der Markenschutz erhöht wird. Momentan liegt der Anteil von gefälschten Textilien auf dem russischen Kleidungsmarkt bei 80%.[210]

Das jedoch nicht alles so ablaufen könnte, wie bei Vertragsabschluss erhofft wurde, zeigt der russische Weg bezüglich der PKW- und LKW-Einfuhr: Obwohl die Importzölle für PKW (LKW) bis 2019 auf 15% (5%) bzw. 20% (10%) für Gebrauchtwagen im Alter von drei bis sieben Jahren gesenkt werden sollen, wird ab 01.09.2012 eine Abwrackgebühr für importierte Fahrzeuge fällig.

---

[208] Vgl. Gtai, Russische Föderation – 156. WTO-Mitglied.
[209] Vgl. Hones, Deutsche Agrarexporteure profitieren von WTO-Beitritt Russlands.
[210] Vgl. Hones, Russland senkt bei WTO-Beitritt Importzölle auf Verkehrsmittel und Elektronik.

Diese wird nach folgerdem Schema berechnet:

Grundsatz (B) : 20.00C RUB; Koeffizient (k); U (Endsumme): U=k*B

k hängt nicht von jedem Kubikzentimeter ab, sondern davon, in welche Gruppe der Motor fällt und wie alt der Wagen ist. Zudem wird zwischer natürlichen und juristischen Personen unterschieden.[211]

Abwrackgebühr für Pkw beim Kauf durch juristische Personen[212]

Pkw für max. 8 Personen u. Gesamtgewicht bis 3,5t mit einem Hubraum von	Neu		Älter als 3 Jahre	
	k	U in RUB	k	U in RUB
Mit Elektromotor (z.B. Mitsubishi i-MiEV)	1,34	26 800	1,34	26 800
$\geq$ 2000 cbm (z.B. Ford Focus)	1,34	26 800	8,26	165 000
$2000 > x \geq 3000$ cbm (z.B. Ford Mondeo)	2,66	53 200	16,12	322 400
$3000 > x \geq 3500$ cbm (z.B. Mercedes-Benz E350)	3,47	69 400	28,50	570 000
>3500 cbm (z.B. Audi A8 4,2)	5,50	110 000	35,01	700 200

Abb. 19: Abwrackgebühr für Pkw beim Kauf durch juristische Personen

Nach Meinung von Bernd Hones wirkt sich diese Regelung wie ein Importstopp für ältere LKW und gebrauchte Luxuswagen aus[213].

---

[211] Vgl. 6 istorij o tom, čego żdat′ ot utilizacionnogo sbora.
[212] Vgl. Ebd.
[213] Vgl. Hones, Russland diskriminiert Kfz-Importeure.

4 Ausgewählte Probleme und Lösungsmöglichkeiten

Um zu verstehen, welche Probleme es im Zusammenhang mit dem Export aus Deutschland in die Russische Föderation gibt, wurde eine Befragung mit Hilfe eines Fragebogens in deutscher und russischer Sprache durchgeführt, welcher aus offenen und geschlossenen Fragen bestand:

Im Teil A wurden Fragen zum Unternehmen und seinem Tätigkeitsfeld in der RF gestellt, Teil B bestand aus sieben Fragestellungen, wovon drei als geschlossene Fragestellung in Tabellenform, der Rest als freie Fragestellung angelegt war. Durch die Möglichkeit Anmerkungen zu machen, wurde die geschlossene Form für weiterführende Kommentare gelockert.

Es wurden mehrere hundert russische und deutsche Unternehmen per Mail kontaktiert, jedoch waren nur 21 Unternehmen bereit, an der Umfrage teilzunehmen. Es wurden sowohl deutsche Unternehmen als auch ihre russischen Partner bzw. Tochtergesellschaften/Filialen/usw. in der Befragung aufgenommen. Die genaue Wiedergabe der Antworten ist im Anhang zu finden.

4.1 Allgemeine Angaben zu den Unternehmen

Die teilnehmenden Unternehmen kamen aus folgenden Branchen:
- Logisitik (7)
- Automobilbrachne (5);
- Gesundheitswesen (2);

Je eines aus:
- Textilmaschinen;
- Kunststoffe;
- Haushaltstechnik;
- Technischer Vertrieb;
- Stahlverarbeitung;
- Baustoffherstellung;
- Pharmazie;
- Montage;

Und geben so ein vielfältiges Spektrum wieder. Elf Fragebögen wurden auf Russisch, zehn auf Deutsch ausgefüllt. Das längste auf dem russischen Markt tätige Unternehmen begann 1980, das am kürzesten 2009, im Durchschnitt sind alle mehr als 10 Jahre in Russland aktiv, wobei 6 Unternehmen keine Angabe dazu machten. Die importierten Mengen unterscheiden sich stark, von einem bis zu mehr als 19.000 Artikeln monatlich. Die Unternehmen haben zum Teil Produktionsstätten in Russland, jedoch wurde von keinem die Frage, ob die Entscheidung dazu von der schwierigen Warenzufuhr beeinflusst wurde, bejaht. Und die Möglichkeit einer solchen Lösung wurde von den Unternehmen, die keine Produktionsstätten in RL haben, nicht in Erwägung gezogen. Von einem Unternehmen wurde jedoch angegeben, dass man sich aufgrund dieser und anderer Probleme komplett aus dem Russlandgeschäft zurückgezogen habe.

4.2 Probleme beim Export nach Russland- Problemverursacher

Für die Entstehung der Probleme wurden hauptsächlich die starke Bürokratisierung der Einfuhrbestimmungen, welche diese sehr unübersichtlich macht (12x), verantwortlich gemacht, gefolgt von den russischen Zollbeamten (9x). Am seltensten wurden unprofessionelle Zollvertreter als Grund angegeben. Zudem wurde von einem Teilnehmer erklärend angegeben, dass ein grundliegendes Problem darin liege, dass deutsche Firmen nicht mit der nötigen Software ausgestattet seien, um die für Russland nötigen Dokumente in der nötigen Form auf Russisch auszustellen, von einem anderen, dass die deutschen Kollegen die notwendigen Informationen über Änderungen im Werkszertifikat nicht rechtzeitig weitergereicht hatten. Zweimal erwähnt wurde, dass die HS-Positionen nicht vollständig übereinstimmen, weshalb viel Fachwissen notwendig ist, was der deutschen Seite oft fehlt.

4.3 Häufigkeit der auftretenden Probleme

Bei diesem Teil des Fragebogens konnten die teilnehmenden Unternehmen aus der Skala-immer-oft-manchmal-nie-keine Angabe- wählen. Im Durchschnitt enthielten sich pro Frage vier Unternehmen der Antwort, nur beim Punkt „Zollbeamte sind korrupt und erwarten Schmiergeld" waren es 13. Fünf der Teilnehmer antworteten mit „Nein", zwei mit „manchmal" und nur ein Teilnehmer mit „oft". Dabei kommt es immer wieder zu Aufdeckungen von Korruptionsfällen. So wurde Ende Juni dieses Jahres von der Festnahme des Zollchefinspektors in Kaliningrad wegen Schmiergeldannahme in mehreren Fällen berichtet.[214] Auch Andre Ballin vom Wirtschaftsblatt sieht die Korruption als weitverbreitetes Problem in Russland, wobei die höchsten Tarife am russischen Zoll zu „entrichten" seien.[215] Manche Firmen bieten die Zahlung von Schmiergeldern sogar offen in ihren Leistungen an: So kann man auf der Homepage der Speditionsfirma Omniport lesen: „Wir werden dem Kunden nur die tatsächlich anfallenden ZOLLGEBÜHREN berechnen. Der Rest ist unsere Sache (Deklaranten, Broker, Expeditoren am Zollhafen, Übersetzer, Schmiergeld [...])[216] Auch belegt Russland im Corruption Perceptions Index 2011[217] vom 01.12.2011 zusammen mit Belarus, Union der Komoren, Mauretanien, Nigeria, Timor-Leste, Togo und Uganda den 143. Platz von 182 und erhält einen CPI-Wert von 2,4[218] im Vgl. dazu: Deutschland belegt den 14 Rang mit einem CPI-Wert von 8. Dieser Index basiert auf der Korruptheit im Öffentlichen Dienst und wird auf der Grundlage verschiedener Daten über Korruption ausgewertet. Betrachtet man das Umfrageergebnis vor diesem Hintergrund, so lässt vor allem die hohe Anzahl von Enthaltungen Raum für Spekulationen und für die Vermutung, dass mehr „geschmiert" wird, als man zugeben möchte. Dies ist sicher auch in dem Zusammenhang damit zu sehen, dass nach deutscher Gesetzgebung Bestechung auch im Ausland strafbar ist.[219]

---

[214] Vgl. Kaliningrad: Korruption bei Zoll und Ausländeramt.
[215] Vgl. Ballin, Korruption in Moskau schlägt alle Rekorde.
[216] Omniport, Unsere Leistungen.
[217] Vgl. Corruption Perceptions Index 2011.
[218] Auf einer Scala von 0-10, wobei 10 „sehr sauber" und 0 „highly corrupt" bedeutet.
[219] Vgl. Gesetz zu dem Übereinkommen vom 17. Dezember 1997 über die Bekämpfung der Bestechung ausländischer Amtsträger im internationalen Geschäftsverkehr.

Die Mehrzahl der Befragten gab an, nie Probleme der folgenden Art zu haben:

- Beschädigung der Ware während der Zollabfertigung;
- Abhandenkommen der Ware oder Teile von dieser;
- Nichtentsprechung der Warenverpackung bzgl. der Bedingungen der RF;
- Bemängelung der Hygienevorschriften;
- Sprachprobleme, da alle Dokumente auf Russisch eingereicht werden müssen;

Die Mehrzahl der Befragten gab an, manchmal oder nie Probleme dieser Art zu haben:

- Forderung eines Konformitätsnachweis für Ware, die nach Bestimmungen keine benötigt durch die Zollbeamten;
- Weigerung der Annahme eines Konformitätsnachweises unter Berufung auf falsche Angaben;
- Missverständnisse bzgl. der benötigten Dokumente auf Grund der Unwissenheit russischer Partner;
- Russischer Partner besaß weniger Informationen, als für die Zolldeklaration nötig;
- Die Zollabgaben waren höher als erwartet;
- Aussetzung der Wareneinfuhr auf Grund zu hoher Zollabgaben;
- Wareneinfuhr wurde wegen Unstimmigkeiten zwischen den zu deklarierenden Waren und Unterlagen verweigert;
- Ware wurde als Risikogruppe eingestuft und deshalb aus dem Transportfahrzeug entnommen und besichtigt;
- Größere Ausgaben/Unannehmlichkeiten durch Änderung des Deklarationsortes/ Auflösung der Zollstelle;
- Server der Zollbehörde funktionieren nicht;

Condor warnt vor Mindestpreislisten, die beim erstmaligen Import große Probleme bereiten können. Dabei handelt es sich um eine zollinterne Liste, die Mindestpreise für die jeweiligen Zolltarifnummern bestimmt, welche auch Ursprungslandabhängig sind. Unterschreitet der Zollwert den Mindestpreis, wird dieser vom Zoll erhöht, was Mehrkosten und großen Zeitaufwand mit sich führt. Deshalb sollte der Zollwert der Ware fundiert nachgewiesen werden können[220]. Dies wurde auch in den Fragebögen 2x angegeben.

Die Mehrzahl der Befragten gab an, manchmal Probleme dieser Art zu haben:

- Probleme bei der Abfertigung von Waren in der Übergangsperiode der alten Bestimmung zu den Neuen im Bereich der Zertifizierung;
- Das in den Unterlagen angegebene Gewicht der Ware unterscheidet sich vom tatsächichen;
- Die Beamten bemängeln jede Kleinigkeit;
- Bürokratische Barrieren auf Seiten der Zollbeamten z.B. Quotensystem der Beamten für Zollverletzungen usw.;
- Zu lange Wartezeiten bei der Abfertigung wegen Überlastung des Zollpersonals;

Die Mehrzahl der Befragten gab an, manchmal - oft Probleme dieser Art zu haben:

- Unterlagen werden am Zoll beanstandet.

4.4 Zusätzliche Fragen

- **Beurteilung des neuen Zollkodex**

  Die meisten der befragten Unternehmen äußerten sich nicht zu diesem Punkt. Der Rest gab an, dass man ihn positiv beurteile, jedoch hat man oft den Eindruck, dass niemand genau wisse, wie dieser im Detail anzuwenden sei.

- **Beurteilung der Harmonisierungsbemühungen von Standards und Normen durch die RF**

  Die Harmonisierungsbemühungen wurden ebenfalls meist (vorsichtig) positiv bewertet, jedoch wurde von einem Teilnehmer kritsiert, dass dieser Prozess nur sehr langsam vorangehe.

- **Erleichterungen der Zollabfertigung durch den ZKdZU**

  Die meisten Unternehmer gaben an, dass man bis jetzt noch keine großen Veränderungen erkennen könne. Nur zwei Unternehmen spra-

---

[220] Russland- Transport-und Verzollung.

chen von einer positiven Veränderung durch die elektronische Deklaration und dem Status des Zugelassenen Wirtschaftsbeteiligten

- **Weitere gewünschte Reformen**

Angegeben wurden:

- o Einheitliche, nachvollziehbare Richtlinien für die Wareneinfuhr (zweifach genannt);
- o Vereinfachungen der Zollformalitäten, Vorabverzollung;
- o Vereinfachte Versanddokumentation für Importeure mit Lieferliste aus Europa;
- o Veränderung der Valuta-Gesetzgebung;
- o Keine Beamtenwillkür;
- o Reform für Sanitätsbestimmungen für Mehrwegbehälter Holz;
- o Beschleunigung der Registration von neuen Produkten (momentan 6-12 Monate);

Die Antworten auf die Fragen 4-7 zeigen, dass die u.a. durch den WTO-Beitritt geregelten Bestrebungen und Reformvorschläge im Zollwesen der Zollunion in die richtige Richtung gehen, jedoch noch großer Nachholbedarf besteht.

4.5   Problemlösungen

Von den meisten Unternehmen wurde angegeben, dass sie die Probleme durch folgende Schritte lösen würden:

- **Export wird von russisch sprechenden Mitarbeitern organisiert (9TN)**

  Hierbei ist zu beachten, dass es nicht ausreicht, dass ein Mitarbeiter nur Russisch spricht. Er sollte auf alle Fälle mit der „Russischen Realität" vertraut sein, ein in Russland vielbenutzter Ausdruck, unter dem man versteht, dass sich in der Praxis vieles von der Theorie unterscheidet. Es ist hier von besonderer Bedeutung, dass der Mitarbeiter in der Lage ist, erstklassige Beziehungen mit den zuständigen Beamten aufzubauen. Darunter will nicht verstanden sein, dass man diese „schmiert", sondern dass zwischenmenschliche Beziehungen in Russland eine außerordentliche Rolle spielen, die keinesfalls unterschätzt werden darf.

- **Enge Zusammenarbeit mit dem Kunden bei der Durchführung des Exports (8TN)**

  Dies ist von äußerster Wichtigkeit, wenn man sich entscheidet, als deutsches Unternehmen den Export selbst zu regeln, da der Kunde bei der Kontrolle der auf Russisch zu erstellenden Dokumente behilflich sein kann, bzw. über die neuesten Regelungen für das Einfuhrverfahren auf dem Laufen ist. Von einem Teilnehmer der Umfrage wurde zudem angegeben dass es in der Praxis so ablaufen würde, dass der russische Käufer alle Dokumente auf Russisch nach den benötigten Vorlagen anfertigt, der deutsche Exporteur diese nur noch ausdruckt, unterschreibt und abstempelt. Auch hier ist es von großem Vorteil, wenn der deutsche Importeur russischsprechende Mitarbeiter hat, da hier das Risiko für viele Fehler liegt: Wenn sich auf der Produktbeschreibung durch Unkenntnis des russischen Partners Ungenauigkeiten oder falsche Angaben eingeschlichen haben, kann dies zu sehr großen Problemen bei der Abfertigung führen.

- **Export wird komplett an russische Zollvertreter abgegeben (6 TN)**

  Dies ist vor allem unerfahrenen deutschen Unternehmen sehr zu empfehlen, da der Zollvertreter stets über die wichtigsten Änderungen informiert ist und die zuständige Zollbeamten kennt.

- **Ware wird immer nur über eine Zollabfertigung ausgeführt, so dass dort bereits Ware und Firma bekannt sind (9 TN)**
  Dieser Lösungsweg wird durch die Neuorganisation der Zollstellen (s.o) erschwert, da viele Zollstellen aufgelöst bzw. umorganisiert werden.
- **Umstellung auf EXWorks-Lieferungen**
  Vier Unternehmen gaben an, Probleme durch EXWorks-Lieferungen umgehen zu wollen. Dabei muss jedoch, wie bereits oben angesprochen beachtet werden, dass es oft zu Problemen mit der deutschen Steuer kommt, wenn die Ausfuhrdokumente nicht an den Exporteur übermittelt werden.

Um das häufigste auftauchende Problem, die Beanstandung der Unterlage zu vermeiden, kann folgendes empfohlen werden:
- Man sollte sich im Vorfeld eingehend entweder über die AHK oder auf den russischen Seiten (s.o.) informieren, welche Unterlagen für die konkrete Ware benötigt werden, vor allem da sich die Regelungen dazu sehr schnell verändern können[221].
- Alle Unterlagen müssen auf Russisch angefertigt werden. Bei der Wahl des Übersetzers sollte man jedoch sehr kritisch sein, da die russischen Behörden sehr pingelig sein können. Rechtschreib- und Satzzeichenfehler haben in Russland noch einen wesentlich höheren Stellenwert als in Deutschland.
- Muss für die Ware ein Konformitätszertifikat erstellt werden, sollte man sich rechtzeitig darum kümmern, da für die Erstellung dieser weitere, andere Zertifikate nötig sein können, womit sich die Erstellungsdauer sehr ausdehnen kann. Ohne gültiges Zertifikat ist eine Einfuhr nicht möglich! In diesem Zusammenhang ist auch zu beachten, dass bereits erstellte GOST-R Zertifikate noch gültig sind, jedoch für abgelaufene ein GOST-TR Zertifikat notwendig sein kann! Die Standards unterscheiden sich hinsichtlich ihrer Anforderungen an die Ware.
- Ist kein Konformitätszertifikat nötig, so gibt es die Möglichkeit, eine Negativbescheinigung zu beantragen, die dieses Faktum bestätigt. Diese kann beim Russischen Institut für Wissenschaft und Forschung bean-

---

[221] Vgl. dazu auch Russland- Transport und Verzollung.

tragt werden. Die Bescheinigung ist vor allem für Waren, bei deren Klassifizierung Unklarheiten auftreten können zu empfehlen. Es ist auch möglich, Ware freiwillig nach GOST-R zertifizieren zu lassen.

- Das zur Erstellung von Konformitätszertifikaten akkreditierte Unternehmen Russtandart empfiehlt für diese Waren zusätzlich eine Bestätigung über die richtige Klassifizierung der Ware von offizieller Stelle einzuholen[222].

- Dieses Vorgehen hilft auch, um die jede Kleinigkeit bemärgelnden Beamten in Schranken halten zu können. Zudem kann nur geraten werden, sehr höflich aber bestimmt aufzutreten und von Anfang an deutlich zu machen, dass man nicht bereit ist, sich „kenntlich" zu zeigen. Hier helfen persönliche Beziehungen vor allem zu den höheren Positionen sehr, auf die zu verweisen oft Wunder wirken kann.

---

[222] Vgl. Otkazanoe pis´mo. Zaključenie dlja tamožni.

5   Schlussbetrachtung

Wie aus dem ersten Kapitel der Studie hervorgeht, ist Russland ein sehr wichtiger Exportpartner Deutschlands, dessen Bedeutung nach den Krisenjahren nicht zurückgegangen ist. Die Wareneinfuhr in die RF ist nun durch den ZKdZU geregelt, an den weitere Gesetzestexte angepasst werden und der selbst noch weiterer Überarbeitung unterliegt. Ein erster Schritt zu einem besseren Verständnis des verwirrenden Regelwerks des ZKdZU wurde am 22.6.2011 mit der Schaffung einer internationalen Gruppe zur Überarbeitung des Zollkodex getan. Ziel dieser Gruppe ist es, den Zollablauf zu vereinfachen[223]. Ein erstes Ergebnis dieser Studie ist die Einführung der Vorabanmeldung. Zudem werden die Regelungen innerhalb der Zollunion weiter aufeinander abgestimmt, so wird ab 02.09.2012 das gemeinsame Konformitätszeichen EAC (Eurasische Konformität) eingeführt, dass in allen drei Ländern gültig ist[224].

Dies hat jedoch zur Folge, dass es äußerst schwierig ist, sich durch die Vielzahl an immer wieder in neuer Überarbeitungen vorliegenden Gesetzestexte zu kämpfen, vor allem da meist noch keinerlei Übersetzungen ins Deutsche (oder Englische) vorliegen. Hierbei leistet die vorliegende Studie einen großen Beitrag, da alle wesentlichen Regelungen vorgestellt wurden. Dabei wurde meist direkt mit den russischen Originalgesetztexten gearbeitet.

Durch die Harmonisierungsbestrebungen, angeregt durch das Übereinkommen von Kyoto und den WTO-Beitritt, werden die Regelungen der Zollunion/ der RF an internationale Gepflogenheiten angepasst. Wie diese Studie zeigt, gibt es jedoch noch viele Unterschiede zwischen dem deutschen/europäischen und dem für Russland gültigem System, die sich oft im Detail ergeben, jedoch gewichtige Folgen nach sich ziehen können, wie zum Beispiel bei der Berechnung des Zollwerts oder der Bestimmung des HS-Codes für die einzuführende Ware.

---

[223] Vgl. Podgotovka izmenenij i dopo nenij v Tamožennyj kodeks Tamožennogo sojuza.
[224] Vgl. Gtai, Zollunion Russland-Belarus-Kasachstan – Kennzeichnung mit einheitlichem Konformitätszeichen.

Des Weiteren wurde aufgezeigt, wie der Exportablauf von Deutschland nach Russland aussieht und dies schematisch illustriert.

Durch die Befragung von 21 Unternehmen mit Hilfe eines Fragebogens konnte geklärt werden, mit welchen Problemen die Unternehmen am häufigsten zu kämpfen haben und wie diese zu lösen sind. Wie ermittelt werden konnte, besteht das größte Problem beim Import nach Russland in der Beanstandung der Unterlagen durch die Zollbehörden, da die Unterlagen nicht vollständig bzw. nicht richtig ausgefüllt sind. Auch hierbei leistet die Studie eine große Hilfe für Unternehmen, da erstmalig eine möglichst vollständige und aktuelle Auflistung aller benötigten Unterlagen, der gültigen Bestimmungen und der Links, unter denen die betroffenen Warengruppen aufgeführt werden, erstellt wurde.

Die wirtschaftliche Zusammenarbeit mit Russland wird im Weiteren auch durch den Verbund des Landes mit seinen Nachbarn beeinflusst werden: Die Zusammenarbeit zwischen den GUS-Ländern und vor allem den Ländern der Zollunion wird immer enger, wie der einheitliche Wirtschaftsraum und die geplante Schaffung einer Eurasischen Union bis 2015 demonstrieren. Mit der Aufnahme der Russischen Föderation in die WTO ist ein großer Schritt zu einer Verbesserung der internationalen Zusammenarbeit im Handel getätigt worden, jedoch ist Putins Traum von einer europäisch-russischen Freihandelszone in der es eine „harmonische Wirtschaftsgemeinschaft von Lissabon bis Wladiwostok gibt"[225] trotzdem noch weit entfernt von seiner Verwirklichung. Der Versuch, die WTO-Regelungen zu umgehen (s.o.), die momentanen Probleme innerhalb der EU sowie die momentane politische Lage in der RF, die demonstriert, wie weit das Land noch von einer wirklichen Demokratie entfernt ist, werden sich wohl keinesfalls positiv auf solche Pläne auswirken.

Zusammenfassend kann gesagt werden, dass es vor allem von den Reformbemühungen der Russischen Föderation abhängen wird, die sowohl der Korruption wie auch der Bürokratie den Kampf angesagt hat, wie sich die russisch-deutschen Beziehungen im Bereich des Außenhandels weiterentwickeln werden.

---

[225] Brössler/Hulverscheidt, Merkel beim SZ-Führungstreffen.

6   Verzeichnisse

6.1   Literaturverzeichnis

Die Übersetzung von allen russischen Quellen, wenn nicht anders angegeben, wurde von Astrid Maria Ottilie Shchekina-Greipel erstellt.

1. 500 Änderungsanträge zum Zollkodex der Zollunion vorbereitet, in: Belarussische Telegraphenagentur, Minsk 26.06.2012, abgerufen am:
   23.07.2012,http://news.belta.ɔy/de/news/econom?id=685736
2. istorij o tom, čego ždat´ ot utilizacionnogo sbora, in: Autonews.ru,
   abgerufen am 15.08.2012, erstellt am: 01.08.2012,
   http://www.autonews.ru/autobusiness/news_print.shtml?2012/08/01/17360
   60
3. AHK Russland: Zollprozeduren in der Zollunion, (o.J.), abgerufen am:
   05.04.2012, http://russland.ahk.de/recht/zoll-und-
   zertifizierung/zollprozeduren-in-der-zollunion/
4. Ders.: Russland tritt der WTO bei. Eine Kurzanalyse. Erstellt am:
   02.11.2011, abgerufen am: 09.08.2012,
   http://russland.ahk.de/uploads/media/2011_12_02_WTO_Beitritt_de.pdf
5. Außenwirtschaftsgesetz (AWG), neugefasst durch B. v. 27.05.2009 BGBl.
   I S. 1150; zuletzt geändert durch Artikel 1 V. v. 15.12.2011 BAnz. S. 4653;
   Geltung ab 08.04.2006, abgerufen am 06.07.2012, einsehbar auf
   http://www.buzer.de/gesetz/7245/a143150.htm
6. Auswärtiges Amt: Wirtschaft erstellt im Mai 2012, abgerufen am
   15.05.2012, http://www.auswaertiges-
   amt.de/DE/Aussenpolitik/Laender/Laenderinfos/RussischeFoederation/Wir
   tschaft_node.html
7. Ballin, Andre: Korruption in Moskau schlägt alle Rekorde, Wirtschaftsblatt
   vom 09.02.2011, abgerufen am: 09.08.2012,
   http://www.wirtschaftsblatt.at/home/international/osteuropa/korruption-in-
   moskau-schlaegt-alle-rekorde-458470/index.do

8. Bolz, Manja: Verzollung in Russland- der neue Zollkodex in der praktischen Anwendung. Veranstaltung „Russland heute- aktuelle Rahmenbedingungen: RECHT-ZOLL-FINANZEN-ZERTIFIZIERUNG" am 26.Februar
2004 in der Botschaft der Russischen Föderation, Berlin, 30.04.2004. abgerufen am: 09.03.2012,
http://www.businesslocationcenter.de/imperia/md/content/aussenwirtschaft
/laender/russland_neuer_zoll_kodex.pdf

9. Botschaft der Russischen Föderation in der Bundesrepublik Deutschland:
Handels-und Wirtschaftsbeziehungen, (o.J.), abgerufen am: 19.05.2012,
http://russische-botschaft.de/bilaterale-
beziehungen/wirtschaftsbeziehungen.html#c2191

10. Brand, Thomas: Leitfaden Vertragsgestaltung Russland, Binetky Brand
& Partner (Hrsg.), erstellt im Okt. 2009, abgerufen am: 15.08.2012,
http://www.rhein-
neckar.ihk24.de/linkableblob/459102/.4./data/russland_vertragsgestaltung
_liefervertrag-
data.pdf;jsessionid=C63CC7C2AD0305C69E166C48BF9B227C.repl2

11. Brössler, Daniel/ Hulverscheidt, Claus: Merkel beim SZ-Führungstreffen
Kanzlerin bremst Putin, in: Süddeutsche Zeitung, vom 25.11.2010, abgerufen am: 30.04.2012, http://sueddeutsche.de/wirtschaft/sz-
fuehrungstreffen-in-berlin-merkel-bremst-putin-1.1028449

12. Brunner, Sven-Boris: Aktueller Vergleich des einheitlichen Zollkodexes
der Zollunion - Russland, Weißrussland, Kasachstan -Zollunion der Eurasischen Wirtschaftsgemeinschaft (EURASEC), (o.J.), abgerufen am
03.08.2012, https://www.xing.com/app/forum/seoparser/zoll/wichtige-
anderungen-und-neuerungen-119300/aktueller-vergleich-des-
einheitlichen-zollkodexes-der-zollunion-russland-weissrussland-
kasachstan-27229633/

13. Budey, Olga: Vereinfachung und Harmonisierung der Zollverfahren.
Übereinkommen von Kyoto, in: Newsletter Russland, Ausgabe Jan./Feb.
2011, Rödl & Partner Moskau, abgerufen am: 09.08.2012,
http://www.roedl.com/fileadmin/user_upload/Roedl_Russia/Newsletter/deut
sch/de_Newsletter_01_02_2011.pdf

14. Bundesagentur für Außenwirtschaft: Wirtschaftsdaten kompakt. Russische Föderation, erstellt im November 2008, abgerufen am: 05.04.2012, http://www.philipp.ph/downloads/bfai-russland.pdf

15. Bundesamt für Wirtschaft und Ausfuhrkontrolle: Ausfuhrlisten, (o.J.), abgerufen am: 09.07.2012, http://www.ausfuhrkontrolle.info/ausfuhrkontrolle/de/gueterlisten/ausfuhrlist e/index.html

16. Ders.: Embargos, (o.J.), abgerufen am: 09.07.2012, http://www.ausfuhrkontrolle.info/ausfuhrkontrolle/de/embargos/index.html

17. Bundesministerium der Finanzen: Hinzurechnungen nach Artikel 32 Zollkodex (ZK), (o.J.), abgerufen am: 23.05.2012, http://www.zoll.de/DE/Fachthemen/Zoelle/Zollwert/Methoden-der-Zollwertermittlung/Transaktionswert-fuer-die-eingefuehrte-Ware/Berichtigungen-nach-Art-32-33-ZK/Hinzurechnungen/hinzurechnungen_node.html;jsessionid=B2C9BD477 F4773C83BACDFC528B90B87

18. Ders.: Transaktionswert für eingeführte Waren, (o.J.), abgerufen am: 30.06.2012, http://www.zoll.de/DE/Fachthemen/Zoelle/Zollwert/Methoden-der-Zollwertermittlung/Transaktionswert-fuer-die-eingefuehrte-Ware/transaktionswert-fuer-die-eingefuehrte-ware_node.html

19. Ders.: Transaktionswert gleicher Waren, (o.J.), abgerufen am: 16.06.2012, http://www.zoll.de/DE/Fachthemen/Zoelle/Zollwert/Methoden-der-Zollwertermittlung/Transaktionswert-gleicher-Waren/transaktionswert-gleicher-waren_node.html

20. Ders.: Vorteile eines zugelassenen Wirtschaftsbeteiligten, (o.J.), abgerufen am: 30.06.2012, http://www.zoll.de/DE/Fachthemen/Zoelle/Zugelassener-Wirtschaftsbeteiligter-AEO/Vorteile/vorteile_node.html#doc187488bodyText2

21. Ders.: Wareneinfuhr in die russische Föderation, Gtai (Hrsg.), erstellt am 12.07.2011, abgerufen am: 04.04.2012, https://www.gtai.de/GTAI/Navigation/DE/Trade/Recht-Zoll/zoll,did=77614.html

22.   Ders.: Zolllagerverfahren, (o.J.), abgerufen am: 16.06.2012, http://www.zoll.de/DE/Unternehmen/Warenverkehr/Einfuhr-aus-einem-Nicht-EU-Staat/Verfahren/Zolllager/zolllager_node.html

23.   Bundesministerium für Gesundheit: Abkommen zwischen dem Bundesministerium für Gesundheit der Bundesrepublik Deutschland und dem Ministerium für Gesundheit und soziale Entwicklung der Russischen Föderation über die Zusammenarbeit auf dem Gebiet des Gesundheitswesens. Fassung vom 15.07.2010, abgerufen am 09.08.2012, http://bmg.bund.de/fileadmin/redaktion/pdf_pressemeldungen/2010/pm-10-07-15-russ-abkommen-dt-fassung.pdf

24.   Bundesministerium für Justiz: Anhang zur Einhunderteinundsechzigsten Verordnung zur Änderung der Einfuhrliste — Anlage zum Außenwirtschaftsgesetz, in: Bundesanzeiger. 63. Jg., Nr. 197a, v. 30.12.2011, abgerufen am 14.08.2012, einsehbar auf http://www.gesetze-im-internet.de/normengrafiken/banz_2011/j197a_0010.pdf

25.   Corruption Perceptions Index 2011. Hrsg. v. Transparency International. Deutschland e.V. (o.J.), abgerufen am: 09.08.2012, http://www.transparency.de/Tabellarisches-Ranking.2021.0.html

26.   Deutsche Botschaft in Moskau: Die deutsche Wirtschaft in Russland. (o.J.), abgerufen am: 20.07.2012, http://www.moskau.diplo.de/Vertretung/moskau/de/05/03__Russland/__s__Wirtschaftsstandort_20Russland.html

27.   Deutsch-Russische Auslandshandelskammer: Konformitätszertifikat GOST R, (o.J.), abgerufen am: 08.07.2012, http://russland.ahk.de/recht/zoll-und-zertifizierung/konformitaetszertifikat-gost-r/

28.   Ders.: Zollprozeduren in der Zollunion, (o.J.), abgerufen am: 27.07.2012, http://russland.ahk.de/recht/zoll-und-zertifizierung/zollprozeduren-in-der-zollunion/

29.   Die Verfassung der Russischen Föderation. Kapitel 3: Föderativer Aufbau, abgerufen am: 09.03.2012, In Übersetzung einsehbar auf: http://www.constitution.ru/de/part3.htm

30.   Din-gost-tüv Berlin-Brandenburg: GOST R - Zertifizierung, (o.J.), abgerufen am: 09.08.2012, http://www.din-gost.de/gost-r-zertifizierung

31. Ehlers, Dirk: Eröffnung des 15. Außenwirtschaftsrechtstages „Rechtsfragen der neuen Zollunion zwischen der Russischen Föderation, Weißrussland und Kasachstan", Zentrum für Außenwirtschaftsrecht e.V. am
Institut für öffentliches Wirtschaftsrecht der Universität Münster,
14/15.10.2010, abgerufen am: 02.04.2012, http://www.zar-
muenster.de/uploads/pdf/awr_2010_eroeffnung.pdf

32. Europe Direct: Europa Zusammenfassungen der EU-Gesetzgebung:
Partnerschafts- und Kooperationsabkommen (PKA): Russland, Osteuropa,
Südkaukasus und Zentralasien, (o.J.), abgerufen am: 01.04.2012,
http://europa.eu/legislation_summaries/external_relations/relations_with_th
ird_countries/eastern_europe_and_central_asia/r17002_de.htm

33. European Comission: Customs Union between Russia, Kazahstan and
Belarus. English translation of the customs code. Brussels, 04.02.2010,
abgerufen am: 09.08.2012,
http://trade.ec.europaeu/doc ib/docs/2010/february/tradoc_145777.pdf

34. Evrazijskaja ekonomičeskaja komissija: Položenie o porjadke
osuščestvlenija gosudarstvennogo sanitarno-epidemiologičekogo nadzora
(kontrolja) za licami i transportnymi sredstvami, peresekajuščimi tamožennuju granicy tamožennogo sojuza, podkontrol'nymi tovarami, peremešaemymi čerez tamožennuju granzicu tamožennogo sojuza i na tamožennoj
territorii Tamožennogo sojuza. In der Red. V. 09.12.2011 Nr. 888, abgerufen am: 09.04.2012,
http://www.tsouz.ru/db/techregulation/sanmeri/Documents/Порядок.pdf

35. Ders.: Edinyj perečen'tovarov, k kotorym primenjajutsja saprety ili ograničenijy na vvoz ili vyvoz gosudarstvami-učestnikami tamožennogo sojuza
v ramkach evrazijskogo ekonimičeskogo soobščestva v torgovle s tret'imi
stranami. N 859. Erstellt am 09.12.2011, abgerufen am: 16.06.2012, URL:
http://www.tsouz.ru/db/entr/norm-prav-
doc/ediniy_perechen/Pages/default.aspx

36. Ders.: Ob utverždenii edinoj tovarnoj nomenklatury vnešneekonomičeskoj dejatel'nosti tamožennogo sojuza I Edinogo tamozennogo tarifa
Tamožennogo sojuza. Rešenije 16.01.2012. Nr. 54, abgerufen am:
01.08.2012, http://www.tsouz.ru/eek/RSEEK/RSEEK/7z/Pages/R_54.aspx

37.　Ders.: Customs code of the customs union, (o.J.), abgerufen am: 22.07.2012, http://www.tsouz.ru/Docs/kodeks/Documents/TRANSLATION%20CUC.pdf

38.　Ders.: Perečen´ tovarov, v otnošenij kotorych s 01.01.2012 ustanavliva-jutsja tarifnye kvoty, o takže ob´emy tarifnych kvot dlja vvoza etich tovarov na territoriju tosudarstv-členov tamožennogo sojuza, abgerufen am: 13.08.2012, http://www.tsouz.ru/KTS/KTS33/Documents/P_865.pdf

39.　Ders.: Soglašenie po voprosam svobodnych (special´nych, osobych) ekonomičeskich zon na tamožennoj territorii tamožennogo cojuza i tamožennoj procedury svobodnoj tamožennoj zony, erstellt am 06.10.2007, abgerufen am: 23.07.2012, http://www.tsouz.ru/DOCS/INTAGRMNTS/Pages/soglsez.aspx

40.　Ders.: Tamožennoe administrirovanie, (o.J.), abgerufen am: 01.07.2012, http://www.tsouz.ru/db/dta/Pages/default.aspx

41.　Ders.: Tamožennyj kodeks tamožennogo sojuza (Red. Protokoll vom 16.04.2010), abgerufen am: 2.08.2012, http://www.tsouz.ru/Docs/Kodeks3/Pages/default.aspx

42.　Evrazijskoe ekonomičeskoe soobščestvo: Edinoe ekonomičeskoe pros-transtvo, (o.J.), abgerufen am: 15.05.2012, http://www.evrazes.com/customunion/eepr

43.　Exportabwicklung kommt endlich da an, wo sie hingehört. AEB präsen-tiert auf der CeBIT 2007 integrierte Ausfuhrabwicklung in SAP. Presse-Box Stuttgart (Hrsg.). erstellt am 06.03.2007, abgerufen am: 09.08.2012, http://www.pressebox.de/pressemeldungen/aeb-gmbh/boxid/95935

44.　Exportbericht Russland. Außenhandel Geschäftsabwicklung Markter-schließung Zoll Recht Geschäftsreisen, Aussenwirtschaft Österreich AWO (Hrsg.), Mai 2009. abgerufen am: 09.08.2012, http://www.spb-hamburg.de/download/Exportbericht-Russland.pdf

45.　Export-Nachschlagewerk „K und M" Konsulats- und Mustervorschriften. Handelskammer Hamburg (Hrsg.), 39.Aufl., Hamburg Juli 2011, S. 94-98

46.　Federal´nyj zakon „O tamožennom regulirovanii v Rossijskoj Federacii" (311-FZ) v. 27.11.2010, in der Red. N 409 FZ vom 06.12.2011, abgerufen am: 10.07.2012, einsehbar auf: http://base.garant.ru/12180625/9/#1900

47.　Fifo Ost: Doppelbesteuerungsabkommen mit der Russischen Föderati-on. Fundstelle: BStBl 1996 I S. 1490, BGBl. 1996 II S. 2710, Jahr: 1996.

abgerufen am: 05.07.2012, http://www.fifoost.de/russland/steuern/dba-brd/russfoed.php

48. Fragebogen zum Thema: Export in die Russische Föderation mit 21 Antworten von deutschen und russischen Firmen. Beantwortet im Zeitraum von Juni-August 2012.

49. Gabler Wirtschaftslexikon. Gabler Verlag (Hrsg.), Stichwort: Ausfuhrlizenz, http://wirtschaftslexikon.gabler.de/Archiv/84131/ausfuhrlizenz-v6.html

50. Geschäftsklima Russland 2011/2012 .9. Umfrage des Ost-Ausschusses der Deutschen Wirtschaft und der Deutsch-Russischen Auslandshandelskammer, Deutsch-Russische Auslandshandelskammer (Hrsg.) (o.J.), abgerufen am: 01.07.2012,

51. http://spb-ham-burg.de/download/Gesch%C3%A4ftsklimaindex%20Russland%202011_2012.pdf

52. Gesetz der Russischen Föderation „Über den Zolltarif" vom 21. Mai 1993 Nr. 5003-1. In der Redaktion vom 06.12.2011. Nr. 409 - FZ, abgerufen am: 09.05.2012, Übersetzung einsehbar auf: http://www.russisches-recht.de/Zoll/ZTG.htm Originaltext einsehbar auf: http://base.consultant.ru/cons/cgi/online.cgi?req=doc;base=LAW;n=123048

53. Gesetz der Russischen Föderation Nr. 5003-1: Über den Zolltarif, vom 21. Mai 1993. In Übersetzung einsehbar auf http://www.russisches-recht.de/Zoll/ZTG.htm

54. Gesetz zu dem Übereinkommen vom 17. Dezember 1997 über die Bekämpfung der Bestechung ausländischer Amtsträger im internationalen Geschäftsverkehr (Gesetz zur Bekämpfung internationaler Bestechung - IntBestG), Bundesministerium der Justiz (Hrsg.), erstellt am 10.09.1998, abgerufen am: 23.07.2012, http://www.gesetze-im-inter-net.de/intbestg/BJNR232729998.html#BJNR232729998BJNG000100305

55. Gorbuchov, V.A.: Tamoẑennoe pravo Rossii. Učebnoe posobie. Moskau, 2012

56. Gosudarstvennaja Duma: Nalogovyj kodeks Rossijskoj Federazii čast´ 2 N117-FZ vom 05.08.2000 (angenommen am 19.07.2000) in der Red. vom föderalen Gesetz N 36-FZ vom 27.11.2010, abgerufen am: 20.05.2012, http://www.consultant.ru/popular/nalog2/

57. Gtai: EU - Abkommen mit der Russischen Föderation über den Handel mit Teilen und Komponenten von Kraftfahrzeugen, erstellt am: 26.07.2012, abgerufen am: 21.07.2012, http://www.gtai.de/GTAI/Navigation/DE/Trade/Recht-Zoll/zoll,did=618126.html

58. Ders.: EU-Zolltarifdatenbank, (o.J.), abgerufen am: 09.05.2012, http://www.gtai.de/GTAI/Navigation/DE/Trade/Recht-Zoll/Zoll/produkte,did=395358.html

59. Gtai: Merkblatt über gewerbliche Wareneinfuhren. Russische Föderation, erstellt am 07.07.2011, abgerufen am: 09.07.2012, https://www.gtai.de/GTAI/Navigation/DE/trade,did=76712.html

60. Ders.: Russische Föderation – Vorabanmeldung bei der Einfuhr im Straßengüterverkehr, erstellt am 18.05.2012, abgerufen am: 13.04.2012, http://www.gtai.de/GTAI/Navigation/DE/Trade/Recht-Zoll/zoll,did=578526.html

61. Ders.: Russland in Zahlen. Aktuelle Wirtschaftsdaten für die Russische Föderation. Winter 2011/2012, (o.J.), abgerufen am: 19.05.2012, http://www.moskau.diplo.de/contentblob/3400584/Daten/1877932/Russlan d_in_Zahlen_2012_01_dld.pdf

62. Ders.: Russland in Zahlen. Aktuelle Wirtschaftsdaten für die Russische Föderation. Sommer 2011, (o.J.), abgerufen am: 19.05.2012, http://www.gtai.de/GTAI/Content/DE/Trade/Fachdaten/PUB/2011/09/pub2 01109058000_16385.pdf

63. Ders.: Russland in Zahlen. Aktuelle Wirtschaftsdaten für die Russische Föderation. Winter 2011/2012, (o.J.), abgerufen am: 13.08.2012, http://www.moskau.diplo.de/contentblob/3400584/Daten/1877932/Russlan d_in_Zahlen_2012_01_dld.pdf

64. Ders.: Wirtschaftsdaten kompakt: Russland. Erstellt im Mai 2010, abgerufen am: 09.03.2012, http://www.krefeld.ihk.de/media/upload/ihk/imap/20100901/russland_widat en_1005.pdf

65. Ders.: Wirtschaftsdaten kompakt: Russland. Erstellt im Mai 2012, abgerufen am: 13.05.2012
http://ahk.de/fileadmin/ahk_ahk/GTal/russland.pdf.

66. Ders.: Zollunion Russland-Belarus-Kasachstan – Kennzeichnung mit einheitlichem Konformitätszeichen, erstellt am 04.08.2011, abgerufen am: 20.08.2012, https://www.gtai.de/GTAI/Navigation/DE/Trade/Recht-Zoll/zoll,did=299390.html

67. Ders.: Zollunion Russland-Belarus-Kasachstan – Vorabanmeldung bei der Einfuhr im Straßengüterverkehr, erstellt am 25.01.2012, abgerufen am: 19.04.2012, http://www.gtai.de/GTAI/Navigation/DE/Trade/Recht-Zoll/zoll,did=439700.html

68. Ders.: Russische Föderation – 156. WTO-Mitglied, erstellt am 03.08.2012, abgerufen am: 19.06.2012, https://www.gtai.de/GTAI/Navigation/DE/Trade/Recht-Zoll/zoll,did=622978.html

69. GZ BMF-010313/0056-IV/6/2007 vom 01.01.2007. ZK-DVO ; Zollkodex-Durchführungsverordnung (Zollkodex-DVO), abgerufen am: 20.06.2012, einsehbar auf: https://findok.bmf.gv.at/findok/link?gz=%22BMF-010313%2F0056-IV%2F6%2F2007%22&fassung=20070101&bereich=rl

70. Handel außerhalb der EU. IXPOS. Das Außenwirtschaftsportal (Hrsg.), (o.J.), abgerufen am: 03.05.2012, http://www.ixpos.de/IXPOS/Navigation/DE/Ihr-geschaeft-im-ausland/Markteintritt/Zoll-und-steuern/in-drittlaendern.html#283790

71. HiK Russland: Einfuhr/Ausfuhrbestimmungen, (o.J.), abgerufen am: 25.07.2012, http:www.hik-russland.de/nachrichten/recht/einfuhr-%10-ausfuhr-bestimmungen-200703062804.html

72. Ders.: Sonderwirtschaftszonen (SWZ) in der Russischen Föderation, (o.J.), abgerufen am: 14.05.2012, http://www.hik-russland.de/sonderwirtschaftszonen/allgemeine-informationen.html

73. HK Hamburg: Carnet A.T.A. Besonderheiten bei der Verwendung von Carnets A.T.A. in der Russischen Föderation, Okt. 2011, abgerufen am: 04.03.2012,
http://m.hk24.de/linkableblob/1452438/.5./data/Russische_Foederation_Be sonderheiten_be_der_Verwendung_von_Car-data.pdf;jsessionid=45A1BA62AD618324E046D29BBBA419C3.repl1

74. Hoffnungsvolle Signale von der russischen Wirtschaft. In: Maerkte-weltweit.de: Russland Aktuell vom 23.11.2011, abgerufen am: 01.06.2012, http://www.maerkte-weltweit.de/app.php/view/article?id=836962&productId=14

75. Hones, Bernd: Deutsche Agrarexporteure profitieren von WTO-Beitritt Russlands. Importzölle auf Fleisch und Milchprodukte sinken / Veterinär-standards werden angeglichen, Gtai (Hrsg.), erstellt am 02.12.2011, abge-rufen am: 05.03.2012, https://www.gtai.de/GTAI/Navigation/DE/Trade/Recht-Zoll/zoll,did=372358.html

76. Ders.: Germany Wirtschaftstrends Jahresmitte 2011- Russland. Gtai (Hrsg.), erstellt im Mai 2012, abgerufen am: 23.06.2012, http://www.gtai.de/wwwroot/archiv-online-news/www.gtai.de/DE/Content/Online-news/2011/16/medien/s3-russland-witre-jami-2011,templateId%3Draw,property%3DpublicationFile.pdf/s3-russland-witre-jami-20115f88.pdf?show=true

77. Ders.: Konjunkturprogramme weltweit-Chancen in der Krise. Russland. Gtai (Hrsg.), erstellt am 18.05.2010, abgerufen am: 03.04.2012, http://www.gtai.de/GTAI/Content/DE/Trade/_SharedDocs/Pdf/Maerkte/Kon junkturprogramme/russland.pdf

78. Ders.: Russland diskriminiert Kfz-Importeure. Inländische Produzenten umgehen Abwrackgebühr durch eine Garantie zur Verwertung schrottreifer Fahrzeuge. v. 22.05.2012, Gtai (Hrsg.), abgerufen am: 30.06.2012, https://www.gtai.de/GTAI/Navigation/DE/Trade/Recht-Zoll/zoll,did=578572.html

79. Ders.: Russland senkt bei WTO-Beitritt Importzölle auf Verkehrsmittel und Elektronik. Freie Fahrt: Handelsminister wollen Russland Zustimmung zu WTO-Beitritt erteilen, Gtai (Hrsg.), erstellt am 29.11.2011, abgerufen am: 29.11.2011 https://www.gtai.de/GTAI/Navigation/DE/Trade/Recht-Zoll/zoll,did=342336.html

80. Ders.: Russlands Wirtschaft zwischen Boom und Risiken. Infrastruktur-bau und steigende Investitionen der Industrie/ Inflation und sinkende Staatsausgaben drücken Stimmung. Gtai (Hrsg.) erstellt am 25.01.2011, abgerufen am: 02.08.2012, http://www.gtai.de/GTAI/Navigation/DE/Trade/maerkte,did=77976.html

81. Ders.: Wirtschaftstrends Russland Jahreswechsel 2010/2011. Stand November 2010. Gtai (Hrsg.) erstellt im November 2010, abgerufen am: 26.03.2012, http://www.gtai.de/wwwroot/archiv-online-news/www.gtai.de/DE/Content/Online-news/2011/02/medien/lm2-russland-witre-jawe-10-11,templateId%3Draw,property%3DpublicationFile.pdf/lm2-russland-witre-jawe-10-115f88.pdf?show=true

82. ICC World Chambers Federation: The List of Customs Offices entitled to accept ATA Carnets for the purposes of Customs clearance, erstellt am 04.07.2010, abgerufen am: 05.07.2012, einsehbar auf der Homepage der IHK Region Stuttgart unter: Autorisierte Zollstellen in Russland, http://www.stuttgart.ihk24.de/linkableblob/966120/.6./data/Russische_Zollstellen-data.pdf;jsessionid=53E06F7CF8F28528679D18B6B54A4642.repl2

83. Ihk Rhein-Nekar: Investitionsschutz- und Doppelbesteuerungsabkommen, (o.J.), abgerufen am: 13.06.2012, http://www.rhein-neckar.ihk24.de/internationa /downloads/Anl_CEE/RUS/rus0101/459074/01_01_07dba.html

84. Kaliningrad: Korruption bei Zoll und Ausländeramt. In: Russland-Aktuell vom 31.07.2012, abgerufen am: 6.08.2012, http://www.aktuell.ru/russland/news/kaliningrad_korruption_bei_zoll_und_auslaenderamt_32603.html

85. Kein Exportweltmeister mehr. Deutschland 2011 nur noch auf Platz drei der Exporteure. In finanzen net vom 13.03.2012, abgerufen am: 09.06.2012, http://www.finanzen.net/nachricht/aktien/Kein-Exportweltmeister-mehr-Deutschland-2011-nur-noch-auf-Platz-drei-der-Exporteure-1726930

86. Kuwschinowa, Olga: Teures Erdöl, billiger Rubel, in: Vedomosti vom 24. Januar 2012, in Übersetzung : http://russland-heute.de/articles/2012/01/24/teures_erdoel_billiger_rubel_14111.html

87. Mesta soversenija tamožennych operacij v regione dejatel´nosti Moskovskoj oblastnoj tamožnij Central´nogo tamožennogo upravlenija, Federal´naja tamožennaja služba central´noe tamožennoe upravlenie (Hrsg.), (o.J.), abgerufen am: 19.05.2012, http://ctu.customs.ru/index.php?option=com_content&view=article&id=846:27012011-27012011&catid=60:info-o-tam-org-cat&Itemid=72

88. Morskoj informacionnyj centr: tamožennye dokumenty. Infomarin (Hrsg.), (o.J.), abgerufen am: 17.06.2012, http://www.infomarin.ru/docs/am_4_1.shtml

89. Nalogovyj kodeks rossijckoj federacii (NK RF) čast´2, v. 05.08.2000 N 117-FZ. Redaktion v. 28.05.2003, N 61- FZ, föderales Gesetz v. 27.11.2010 N 305-FZ, abgerufen am: 19.08.2012, einsehbar auf: http://www.consultant.ru/popular/nalog2/.

90. Nikischenko, Andrej: Zollabwicklung und Einfuhrformalitäten in Russland. Nikischenko & Partner (Hrsg.), erstellt 2012, abgerufen am: 09.08.2012, http://nikishenko.ru/de%5Cpage_164.html

91. Omniport: Unsere Leistungen, (o.J.), 29.07.2012, http://omniport.de/de/content/4-services

92. Otkazanoe pis´mo. Zaključenie dlja tamožni. Rustandard Sertifikacijf Produkcii (Hrsg.), (o.J.), abgerufen am: 23.04.2012, http://www.rustandard.com/ru/otkaznoe-pismo.html

93. Pererabotka dlja vnutrennego potreblenija: novye vozmožnosti. In: Pwc Nr. 14 (250), August 2011, abgerufen am: 04.05.2012, http://www.pwc.ru/ru/tax-consulting-services/legislation/pererabotka-dlya-vnutrennego-potrebleniya-novye-vozmozhnosti.jhtml

94. Petrowa, Nadeschda: Russen konsumieren lieber statt zu sparen. In: Russland heute vom 12. 07. 2012, abgerufen am: 01.08.2012, http://russland-heu-te.de/articles/2012/07/12/russen_konsumieren_lieber_statt_zu_sparen_14 679.html

95. Podgotovka izmenenij i dopolnenij v Tamožennyj kodeks Tamožennogo sojuza, Federal´naja tamožennoe upravlenie (Hrsg.), (o.J.), abgerufen am: 23.07.2012, http://customs.ru/index.php?option=com_content&view=article&id=16175: 2012-07-23-06-16-23&catid=40:2011-01-24-15-02-45

96. Portal elektronnogo predstavlenija svedenij, Federal´naja tamožennaja služba (Hrsg.), (o.J.), abgerufen am: 19.08.2012, http://edata.customs.ru/

97. Postanovlenie pravitel´stva Rossijskoj Federaziji ot 12.07.2011 Nr. 565: Ob utverždenii perečnja tovarov, v otnošenii kotorych dopuskaetsja pererabotka dlja vnutrennego potreblenija, Evrazijskij delovoj sovet (Hrsg.), ab-

gerufen am: 05.06.2012, einsehbar auf: http://www.customs-union.com/документы/постановление-правительства-рф-от-12-1

98. Pravila primenenija special´noj tamožennoj procedury. Prinjatye tech-ničeskie reglamenty, Federal´noe agentstvo po techničeskomu regulirovaniju i metropologi (Hrsg.),(o.J.), abgerufen am: 05.06.2012, http://www.gost.ru/wps/portal/pages/techreg

99. Rat der europäischen Gemeinschaften: Zollkodex. Verordnung (EWG) Nr. 2913/92 des Rates vom 12. Oktober 1992 zur Festlegung des Zollkodex der Gemeinschaften, abgerufen am: 09.03.2012, einsehbar auf http://www.izd-online.net/download/zollkodex.pdf

100. Ravioli, Sandra: Firmenpraxis in Russland. Ratgeber, Spiel- und Verhaltensregeln für jedes Business. Norderstedt 2007

101. Rossijskaja Federacija. Federal´nyj zakon. O special´nych zaščitnych, antidempingovych I kompensazionnych merach pri Importe tovarov. 08.12.2003. N165-FZ, in der Redaktion v. 11.07.2011 N200-FZ, abgerufen am: 12.08.2012, http://base.consultant.ru/cons/cgi/online.cgi?req=doc;base=LAW;n=116808

102. Rosstandard: Prinjatye techničeskie reglamety, (o.J.), abgerufen am: 11.07.2012, http://www.gost.ru

103. Rubelentwicklung von Juli 2011 bis Juli 2012. Finmarket (Hrsg.), (o.J.), abgerufen am: 07.07.2012, http://gr01.finmarket.ru/charts/anyval.asp?ft=978&w=350&h=190&dp=4

104. Russische Botschaft: Wirtschaft, (o.J.), abgerufen am: 02.06.2012, http://russische-botschaft.de/fileadmin/user_upload/2010-12-23_Wirtschaft/Wirtschaft_RU-DE_.pdf

105. Russische Föderation. Bundesministerium für Bildung und Forschung (Hrsg.), abgerufen am: 23.08.2011, http://www.bmbf.de/de/2513.php

106. Russland – Transport und Verzollung. Condor (Hrsg.) erstellt am 09.06.2011, abgerufen am: 07.08.2012, http://www.condor.co.at/de/.../95-russland.

107. Russland: Nachrichten, Überblick, in: Russland.ru vom 06.07.2012, abgerufen am: 01.08.2012, http://russland.ru/schlagzeilen/morenews.php?iditem=54414

108. Schulze, Gerit: Rolle Deutschlands nimmt ab, in: Impuls 01/2010, abgerufen am: 09.03.2012, http://russland.ahk.de/fileadmin/ahk_russland/Dokumente/Publikationen/Impuls/2010/1001_Impuls_web.pdf

109. Ders.: VR China hängt deutsche Lieferanten in Russland deutlich ab, gtai (Hrsg.), erstellt am 21.01.201, abgerufen am: http://www.gtai.de/wwwroot/archiv-online-news/www.gtai.de/DE/Content/Online-news/2011/02/medien/lm2-vr-china-lieferanten.html

110. Schütt, Reinhold: Import-Export Business. Praktiker-Handbuch für den Einstieg in den internationalen Handel mit den interessantesten Informations- und Bezugsquellen weltweit. 5. Aufl., 2011

111. Sommer, Sarah: Korruption in Russland. Schummeln, Schmieren, Schikanieren. In: Managermagazin online vom 04.03.2012, abgerufen am: 21.04.2012, http://www.manager-magazin.de/politik/weltwirtschaft/0,2828,819148,00.html

112. Spravka po tovaru. Sigma-Soft (Hrsg.), (o.J.), abgerufen am: 19.03.2012, http://www.sigma-soft.ru/service/spravka.shtml

113. Spravočnik po sakonodatel´stvu RF, Sakony Rossii (Hrsg.), (o.J.), abgerufen am: 30.06.2012, http://zakonrus.ru/gost/gr51121-97.htm

114. Stat´i. Tamožnja. Gruzovaja Tamožennaja deklaracija. (GTD). Osnovnaja charakteristika ee struktury, porjadok primenenija i naznačenie v dele tamožennogo kontrolja. K&P Global Logistik (Hrsg.), erstellt am 26.12.2009, abgerufen am: 16.06.2012, http://www.logisticsinfo.ru/main/art_customs_gtd.shtml

115. Stat´i. Tamožnja. Tamožennoe oformlenie tovarov, Logisticinfo.ru, (Hrsg.), (o.J.), abgerufen am: 16.06.2012, http://www.logisticsinfo.ru/main/art_customs_tamoftov.shtml

116. Struve, Britta: Einfuhrbestimmungen und Zertifizierung in der Russischen Föderation. (o.J.), abgerufen am: 30.06.2012, http://www.slc-europe.com/xist4c/web/einfuhrbestimmungen-russland_id_17681_.htm

117. Talanov, Grigory: Zollfabwicklung, [Titel Druckfehler angegeben!] Präsentation v. Ernst & Young, vom 28.06.2011, abgerufen am: 01.03.2012, http://www.konstanz.ihk.de/linkableblob/1467560/.3./data/Zollabwicklung_

Ernst_Young_Moskau-data.pdf;jsessionid=EED9DA27E25A7ED4A49FEA05B438D7BA.repl2

118. Tamožennye režimy i procedury. Svobodnaja tamožennaja zona (svobodnyj sklad), erstellt am 09.06.2006, abgerufen am: 03.03.2012, http://www.tamognia.ru/mode/econom/freezone.php

119. Umsatzsteuergesetz. Fassung v. 21.02.2005 (BGBl. I S. 386), zuletzt geändert durch Art. 2 BGBl. I S. 1030 v. 08.05.2012, abgerufen am: 05.05.2012, einsehbar auf http://www.gesetze-im-internet.de/bundesrecht/ustg_1980/gesamt.pdf

120. V otnošenii vvozimych v rossijskuju federaciju inostrannych GOST-R 51074-2003. Produkty piščevyt. Informacija dlja potreblenja. Obščie trebovanija. Gosudarstvennyj komitet rossijskoj federacii po standartizacii i metrokogii nacional'nyj standart rossijskoj federacii, v. 01.07.2005, in Redaktion vom 11.04 2011, abgerufen am: 23.07.2012, einsehbar auf: http://vsegost.com/Catalog/20/2080.shtml#50701

121. Verordnung (EG) Nr. 1186/2009 des Rates vom 16. November 2009 über das gemeinschaftliche System der Zollbefreiungen. In: Amtsblatt der EU v. 10.12.2009 abgerufen am: 05.03.2012, http://eur-lex.europa.eu/LexUriServ/LexUriServ.do?uri=OJ:L:2009:324:0023:0057:DE:PDF

122. Verordnung (EG) Nr. 732/2008 des Rates vom 22. Juli 2008 über ein Schema allgemeiner Zollpräferenzen für den Zeitraum ab dem 1. Januar 2009 (geändert mit VO (EU) Nr. 512/2011; veröffentlicht in Abl. (EU) Nr. L 145 v. 31.05.2011), abgerufen am: 23.05.2012, http://www.wup.zoll.de/wup_online/laenderinformationen.php?landinfo=RU&stichtag=26.07.2012&gruppen_id=46&land_id=404&rgl_id=70&position

123. XXII olimpijskich zimnich igr i XI paralimpijskich zimnich igr 2014 goda v g. Soči. V. 03.11.2011. N911, Portal vnešneekonomičeskoj informacii (Hrsg.), abgerufen am: 04.08.2012, http://www.ved.gov.ru/vnesheconom/documentation/search_documents/?action=showproduct&id=2952&parent=0&start=6

124. Zakon RF „O tamožennom regulirovanii v RF". Kodeksy i Zakony RF, Pravovaja navigacionnaja sistema (Hrsg.), erstellt 08.2012, abgerufen am: 03.08.2012, http://www.zakonrf.info/zakon-o-tamozhennom-regulirovanii/213/

125. Zakon RF „O zaščite prav potrebitelej" (zakon o pravach potrebitelja) v. 07.02.1992 N 2300-1, abgerufen am: 01.08.2012, einsehbar auf: http://www.consultant.ru/popular/consumerism/37_1.html#p167

126. Zarubin, Nikolaj: Svobodnye tamožennye zony v Tamožennom sojuze, Jurist-Ekspert-Targo Group (Hrsg.), erstellt am 30.07.2011, abgerufen am: 03.08.2012, http://www.targo.ru/legislation/our-comments/Свободные-таможенные-зоны-в-Таможенном-союзе

127. Zollkodex. Verordnung (EWG) Nr. 2913/92 des Rates vom 12. Oktober 1992 zur Festlegung des Zollkodex der Gemeinschaften, abgerufen am: 09.07.2012, einsehbar auf: http://www.izd-online.net/download/zollkodex.pdf

128. Zoll-Tipps Russland, V. Ma-Tax Consulting GmbH (Hrsg.), erstellt 2003, abgerufen am: 19.08.2012, http://www.ma-max.de/A_H_P/statistiken/zolltips/20040107_zolltips_ru.pdf

6.2 Anhangsverzeichnis

Anhang

Anhang 1: Die gesetzliche Basis für das Zollsystem der Zollunion

Das Zollsystem ist gegründet auf folgenden Dokumenten:[226]

- **Die Verfassung der Russischen Föderation**, in welcher in einer Reihe von Artikeln die Grundlagen und Prinzipien der Zolltätigkeit innerhalb der Russischer Föderation festgelegt sind. So ist im Art. 71, Abschnitt ž, geregelt, dass die Festlegung des Zollwesens unter die Zuständigkeit der RF fällt[227] und somit die Zollbestimmungen rein föderalen Charakter tragen.

- **Der Zollkodex der Zollunion vom 27.11.2009**, welcher den Zollkodex der Russischen Föderation vom 28. 05.2003 Nr. 61-FZ abgelöst hat. Der Zollkodex besteht aus acht Teilen, welche die Zahlung von Zöllen, der Zollkontrolle, die verschiedenen Zollverfahren und die Besonderheiten der Warenbewegung bestimmter Waren regeln.

- **Der einheitliche Zolltarif der Zollunion** als Anlage zur Entscheidung des Rates der EEK vom 16.07.2012, Nr. 54 „Über die Genehmigung der einheitlichen Warennomenklatur der außenwirtschaftlichen Tätigkeit der Zollunion und des einheitlichen Zolltarifs der Zollunion".

---

[226] Vgl. Gorbuchov, Tamožennoe pravo Rossii, S. 18-23.
[227] Verfassung der Russischen Föderation. Kapitel 3: Föderativer Aufbau. Artikel 71, Punkt ž: Hier in Übersetzung des Garant Service auf http://www.constitution ru/de/part3.htm. In der Übersetzung wird Punkt ž als „g" bezeichnet.

Verschiedene Regelungen auf föderaler Ebene:

- **Das Strafgesetzbuch der Russischen Föderation** Nr. 63-FZ vom 13.06.1996, in welchem sowohl der Schmuggel (Art. 188), wie auch illegale Einfuhr, Wareneinfuhr zur Herstellung von Massenvernichtungswaffen (Art. 189), Nichtentrichtung der Zölle (Art. 194) usw. festgelegt sind.

- **Kodex über administrative Rechtsverstöße** Nr. 195-FZ[228] vom 30.12.2001, in welchem administrative Verstöße im Bereich des Zollwesens in Kapitel 16, Artikel 1-24 geregelt werden.

- **Föderale Gesetze**: Zu den grundlegenden Gesetzen im Zollbereich gehören:
  o Föderales Gesetz vom 27.11. 2010 Nr. 131-FZ „Über die Zollregulierung in der RF" (ZRdRF);
  o Föderales Gesetz vom 06.12.2011 Nr. 409-FZ „über den Zolltarif";
  o Föderales Gesetz vom 08.12.2003 Nr. 164-FZ „über die staatliche Regulierung von Tätigkeiten im Außenhandel";
  o Föderales Gesetz vom 14. 04.1998 Nr. 63-FZ „Über die Maßnahmen zum Schutz der wirtschaftlichen Interessen der RF beim Außenhandel mit Waren";
  o Föderales Gesetz vom 15.04.1993 Nr. 4804-I „Über die Aus- und Einfuhr von Kulturgütern";
  o Föderales Gesetz vom 10.12.2003 Nr. 173-FZ „Über die Währungsregulierungen und Währungskontrolle";
  o Föderales Gesetz vom 12.12.1996 Nr. 150-FZ „Über Waffen";
  o Föderales Gesetz vom 12.08.1995 Nr. 144-FZ „Über operative Ermittlungstätigkeit";
  o Föderales Gesetz „über spezielle Schutzmaßnahmen, Antidumpingregelungen und Kompensationsmaßnahmen beim Warenimport N 165-FZ ; u.a.

- **Präsidentendekrete**, wie Nr. 473 „Fragen über den Föderalen Zolldienst" vom 11.05. 2006;

---

[228] Auch oft als russisches Gesetzbuch für Ordnungswidrigkeiten übersetzt

- **Resolutionen der Russischen Regierung**, wie Nr. 41 „Über die Maß-nahmen zum Schutz wirtschaftlicher Interessen russischer Hersteller von einigen Arten von Stahlrohren" vom 31.01.2011;
- **Normative Akte des Föderalen Zolldiensts** (Befehle, Instruktionen und Verordnungen): Der föderale Zolldienst erstellt innerhalb seines Kompetenzbereiches selbst normative Akte. Dazu gehört zum Beispiel die Verordnung FTS HF Nr.199-r „Über die Bestätigung der Instruktion zur Durchführung von Kontrollen der Richtigkeit der Deklaration des Zollwerts von Waren, die in das Zollgebiet der Zollunion eingeführt (ausgeführt) werden und die Reglementierung der Tätigkeiten der be-fugten Personen der Zollorgane zur Kontrolle und Korrektion des Zoll-werts der Waren" vom 27.07.2010.

Dazu kommen noch die in Abb 10 aufgeführten Abkommen mit der BRD/EU oder auf internationaler Basis aufgeführten Abkommen.

Anhang 2: Zollwert

Zum Nachweis des Zollwerts müssen folgende Dokumente vorgewiesen wer-den:[229]

- Satzungsunterlagen des Deklaranten;
- Verkaufsvertrag mit allen gültigen Anlagen, Ergänzungen und Ände-rungen;
- Die Rechnung oder Pro-Forma-Rechnung (für bedingte Wertgeschäfte), sowie andere Zahlungs- und/oder buchhalterische Unterlagen, die den Warenwert beinhalten;
- Unterlagen über den Transport;
- Versicherungsunterlagen, falls diese im Liefervertrag angegeben sind;
- Kalkulation der Beförderungskosten, falls diese in den Geschäftswert nicht einbezogen wurden.

---

[229] Vgl. Nikischenko, Zollabwicklung und Einfuhrformalitäten in Russland.

Anhang 3: Zolldeklaration

In der Zolldeklaration müssen folgende Angaben enthalten sein:[230]

- Die gewählte Zollprozedur;
- Angaben zum Deklaranten, dem Zollvertreter, dem Exporteur und Importeur;
- Angaben über das Transportmittel, das für den internationalen Transport der Ware bzw. für den auf dem Gebiet der Zollunion unter Zollkontrolle benutzt wird;
- Warenangaben: Bezeichnung, Beschreibung, HS-Code, Warenursprung, Zielort und geplante Benutzung; Beschreibung der Verpackung (Anzahl, Aussehen, Beschriftung und laufende Nummer); Brutto- und Nettogewicht und andere Maßeinheiten; Zollwert, statistischer Wert;
- Angaben zu den Zöllen: Zollsatz, Steuer, Zollgebühren; Angaben über evtl. Vergünstigungen; Gesamtsumme, Devisenwechselkurs;
- Angaben zum Außenhandelsvertrag und seinen grundlegenden Bedingungen;
- Angaben zur Einhaltung von Beschränkungen;
- Angaben über den Warenhersteller;
- Angaben, die die Einhaltung der Bedingungen der Warenbewegung unter dem Zollverfahren bestätigen;
- Angaben über Dokumente, die in Übereinstimmung mit Artikel 183 ZKdZU vorgelegt werden müssen;
- Angaben über den Ersteller der Warendeklaration;
- Ort und Datum der Erstellung der Deklaration.

---

[230] Vgl. EEK, ZKdZU, Kapitel 27, Art. 181.

Anhang 4: Die Handelsrechnung

In der Handelsrechnung angegeben werden müssen:[231]
- Name und Anschrift des Verkäufers/Käufers;
- Datum und Nummer des Vertragsabschlusses;
- Lieferbedingungen;
- Brutto-/Nettogewicht, Marke und Ordnungsnummer;
- Anzahl/Art der Packstücke;
- Einzel-/Gesamtpreis in Devisen;
- Zolltarifnummer.

Anhang 5: Einfuhrlizenz

Die Einfuhrlizenz muss folgende Informationen enthalten: [232]
- Namen des Antragsstellers, des Herstellers und des Verkäufers;
- Lizenzart, Nummer der Erlaubnis zur Ausstellung der Lizenz, Gültigkeitsdauer;
- Art des Handels;
- Zahlungswährung;
- Bezeichnung und vollständige Charakteristika der Waren;
- Angaben zum Exportland;
- FOB-Preis für jede Position;
- Zeitraum bis zur Lieferbarkeit der Waren, Ankunft,
- Bezeichnung der Ausstellungsbehörde.

---

[231] Export-Nachschlagewerk K und M. Konsulats- und Mustervorschriften, S.95.
[232] Morskoj informacionnyj centr: tamožennye dokumenty

Anhang 6: Hygienezertifikat

Für ein Hygienezertifikat werden folgende Unterlagen benötigt:[233]
- Auszug aus dem Handelsregister;
- Nachweis der Registrierung beim deutschen Finanzamt;
- Konformitätsnachweis des Herstellerlandes;
- Technische Anleitung;
- Liefervertrag;
- bei bestimmten Produkten wie Lebensmittel, Parfümerie und Kosmetik werden Etikettenbeispiel benötigt;
- Herstellerzertifikat des Ursprungslandes;
- Testunterlagen falls vorhanden;

Anhang 7: CMR-Frachtbrief

Dabei müssen folgende Angaben unbedingt aufgeführt sein:[234]
- Angaben zum Empfänger (Firmenname, Adresse, INN-Nr.);
- Auslieferungsort der Ware (Firma, Adresse, Telefonnummer, Name der empfangsberechtigten Person);
- Zolltarifnummer;
- Anweisungen des Absenders (Zoll- u. sonstige amtliche Behandlung), Adresse des Bestimmungszolllagers, Lizenznummer des Zollagers, Name des Zolllagerinhabers, Lizenznummer des Zolllagers, Code-Nr. des Zollpostens, Gültigkeit der Lizenz;

---

[233] Vgl. Ravioli, Firmenpraxis in Russland, S.124.
[234] Vgl. Russland – Transport und Verzollung.

Anhang 8: Fragebogen zum Thema "Export in die RF"

Zur Analyse der vorhandenen Probleme und deren Lösungsmöglichkeiten wurde eine Umfrage mit einem Fragebogen durchgeführt. Im Folgenden werden die Fragen und die Antworten der 21 Teilnehmer aufgeführt. Die beantworteten Fragebögen wurden durchnummeriert und alle Antworten sind mit der entsprechenden Nummer aufgeführt.

A Zu ihrem Unternehmen:
1. Zu welcher Branche gehört Ihr Unternehmen?

1. Logistik;
2. Logistik;
3. Exporthandelshaus, Export von Textilmaschinen und Kunstoffmaschinen in die Länder der GUS + Baltikum;
4. Abgasabsauganlagen;
5. Logistik;
6. Transport;
7. Internationaler Straßen-Gütertransport;
8. Import Haushaltstechnik und Elektronik;
9. Import v. Akkumulatorer nach RL;
10. Logistik;
11. Gesundheitswesen;
12. Technischer Vertrieb;
13. Stahlverarbeitung (Produktion von Flaschen und Ringen);
14. Baustoffherstellung;
15. 15 Autoersatzteile;
16. Dieselfahrzeuge;
17. Pharmazieerzeugnisse;
18. Automobilzulieferer;
19. Montage;
20. Gesundheitsbranche;
21. Transport und Zoll.

2. Seit wann exportiert Ihr Unternehmen nach Russland bzw. importiert ihr Unternehmen aus Deutschland nach Russland?

1. 20 Jahre;
2. Keine Angaben;
3. Export seit 21 Jahren;
4. Seit 2009;
5. Keine Angaben;
6. 2005;
7. Seit Gründung 2003;
8. Keine Angaben;
9. Keine Angaben;
10. Keine Angaben;
11. seit 1980;
12. seit circa 2001;
13. Seit 11 Jahren;
14. seit 1990;
15. Keine Angaben;
16. Keine Angaben;
17. seit 1997;
18. Seit 2002;
19. Export seit 1993 zur Tochtergesellschaft FSP in Moskau;
20. 10 Jahre;
21. Keine Angaben.

3. Wie viele Artikel exportiert Ihr Unternehmen nach Russland bzw. importiert ihr Unternehmen aus Deutschland nach Russland monatlich/jährlich?

1. Keine Angabe;
2. Keine Angaben;
3. Stückzahlen können wir nicht benennen, wir exportieren von Ersatzteilen bis hin zu kompletten Anlagen obiger Branchen;
4. Ständiger Anstieg des Umfangs, um 30-40% pro Jahr. Regulär momentan 1-2 volle Autofuhren im Monat;
5. Keine Angaben;

6. So gut wie nichts- wegen der Problematik versuchen wir dies auch zu vermeiden;

7. Circa 20-30 Komplettladungen p.a.;

8. Keine Angaben;

9. Keine Angaben;

10. Keine Angaben;

11. an die 4 Mio. E pro Monat;

12. Ca. 50 Positionen exportiert, kein Import;

13. ein Artikel;

14. 2008: 144.677t 2009: 0t 2010: 7.209t, 2011: 221 t;

15. Keine Angaben;

16. Keine Angaben;

17. 15 Artikel, davon mehrere Tausend Packungen von jeder pro Monat 18 2005;

18. circa 5.000.000 Sachnummern/Jahr;

19. 400 Artikel aus Dtl nach RL pro Monat. 30 Fahrzeuge (mit Ladelast v. 20 t) komplette Geräte, 8 Fahrzeuge mit Ersatzteilen;

20. circa 350-400, LKWS a 33 Paletten pro Jahr zur Tochtergesellschaft, sowie mehrere Lieferungen an verschiedene Direktkunden;.

21. bis zu 30 Container im Monat.

4. Hat Ihr Unternehmen Produktionsstätten in der Russischen Föderation?

1. Nein (Niederlassungen in Moskau, St. Petersburg);

2. Keine Angaben;

3. Nein, wir sind Händler und haben keine eigene Produktion;

4. Ja, Zusammenbau der deutschen Materialien (wie SKD (teilweise zerlegter Bausatz) bei Automobilindustrie);

5. Keine Angaben;

6. Nein;

7. Nein;

8. Keine Angaben;

9. Keine Angaben;

10. Keine Angaben;

11. Nein;
12. Nein;
13. Nein;
14. Ja;
15. Keine Angaben;
16. Keine Angaben;
17. Nein;
18. Ja;
19. Nein;
20. Ja;
21. Nein.

5. Wenn ja: Wurde die Entscheidung zur Produktionsverlagerung von der schwierigen Wareneinfuhr beeinflusst?

1. Keine Angaben;
2. Keine Angaben;
3. Nein;
4. Nein;
5. Keine Angaben;
6. Keine Angaben;
7. Keine Angaben;
8. Keine Angaben;
9. Keine Angaben;
10. Keine Angaben;
11. Nein;
12. Keine Angaben;
13. Keine Angaben;
14. Keine Angaben;
15. Keine Angaben;
16. Keine Angaben;
17. Keine Angaben;
18. Ja;
19. Keine Angaben;

20. Nein, sondern aus politischen Gründen. Wir konnten nur so eine Vielzahl von Kliniken in Russland eröffnen, wenn wir auch vor Ort Arbeitsplätze schaffen und zum BIP beitragen.

6. Wenn nein: Wurde dies als Möglichkeit der Umgehung der Zollprozedur in Betracht gezogen?

1. Keine Angaben;
2. Wir haben uns aus der Relation Russland verabschiedet. Die russischen Geschäftspartner kennen das Wort der Partnerschaft und Kundenschutz nicht und die aktuelle russische Politik interessiert nur die eigenen Interessen, sie Konflikt der Drittlandgenehmigung für unsere polnischen Transportunternehmer;
3. Nein;
4. Keine Angaben;
5. Nein;
6. Nein;
7. Keine Angaben;
8. Keine Angaben;
9. Keine Angaben;
10. Nein;
11. Nein, da Handelshaus;
12. Nein;
13. Nein;
14. Keine Angaben;
15. Keine Angaben;
16. Nein;
17. Keine Angaben;
18. Keine Angaben;
19. Keine Angaben;
20. Nein;
21. Keine Angaben.

B Probleme beim Export nach Russland

1. Wodurch sind die Probleme entstanden? Zutreffendes bitte ankreuzen

	Ja	Nein	KA
Durch Handelsbeschränkungen/ Protektionismus durch die russische Regierung	7	3	11
Starke Bürokratisierung der Einfuhrbestimmungen, darum sehr unübersichtlich	12	1	8
Durch die russischen Zollbeamten	8 +selten	3	9
Durch unprofessionelle Zollbroker	1+ t/w	9	10
Durch den unerfahrenen russischen Importeur	5+ t/w	4	11
Durch den russischen Kunden	3	5	13
Durch anderes (Bitte angeben) : Durch falsche oder fehlerhafte Registrierung beim Zoll oder der Behörde			

Anmerkungen:

1. Da wir „nur" Transportieren, prüfen wir im Vorfeld die Dokumente der Kunden um Fehlerhaftes einführen zu vermeiden. Die Probleme können dann aber an all Ihren aufgeführten Punkten liegen;

2. Keine Angaben;

3. Die Entzollung in RL erfolgt i.d.R durch unsere russischen Endkunden, so dass wir hier nur bedingt antworten können. Wir haben eine Vielzahl von Kunden, so dass man nicht jede Frage mit ja/nein beantworten kann, daher wird manchmal teilweise angegeben;

4. Grundsätzliches Problem liegt darin, dass nicht eine deutsche (europäische) Firma geeignete Software besitzt, um die Dokumente für den Export nach Russland (Rechnung, Übersetzung der Rechnung, Vertrag, Beilage/Anhang zum Vertrag) auszustellen. Ein weiteres Problem liegt darin, dass die in Europa benutzten TN WED (HS Codes, Customs tariff) in ihrer

Anwendung in vielen Nuancen nicht mit den in Russland anzuwendenden übereinstimmen, was vom russischen Importeur Fachwissen über die TN WED und ihre Adaption für Russland notwendig macht;

5. Keine Angaben;
6. Durch sich ständig ändernde Bestimmungen;
7. Keine Angaben;
8. Keine Angaben;
9. Keine Angaben;
10. Keine Angaben;
11. Keine Angaben;
12. Keine Angaben;
13. Keine Angaben;
14. Keine Angaben;
15. Keine Angaben;
16. Keine Angaben;
17. Aufgrund der Nichteinhaltung der Temperaturbedingungen und der nicht rechtzeitigen Weitergabe von Informationen über Änderungen der Kennziffern im Werkszertifikat (diese Kennziffern müssen in Russland registriert werden);
18. Keine Angaben;
19. Keine Angaben;
20. Keine Angaben;
21. Aufgrund des „Systems zur Risikokontrolle" welches im Russischen Zoll existiert, kann es zu höheren Zöllen als gedacht kommen. (Zu 1.1.) Die Aufgabe dieses Systems besteht darin, dass man den Preis der eingeführten Waren kontrolliert. Wenn die Fakturkosten der Ware niedriger sind, als der durchschnittliche Statistikpreis, welche auf der Grundlage des WED - Monitorings errechnet wird, wird der Zoll mit 99% Wahrscheinlichkeit aus dem Statistischen Wert errechnet. Der Importeur kann diese Entscheidung anfechten, aber das ist eine schwierige und aufwendige Prozedur und im schlechtesten Fall wird man zusätzliche Dokumente und eine gerichtliche Entscheidung fordern;

Zu 1.2, 1.5 und 1.6: Das zweite Grundlegende Problem liegt in der fehlenden Übereinstimmung der Waren mit den Zollanforderungen, der nach

Meinung des Zolls nicht ausreichenden Information über die Ware usw. Darunter leiden die Kunden und die Zulieferer, wenn es nicht ausreichend Erfahrung im Außenhandel gibt, hier braucht man Erfahrung oder die Hinzunahme eines erfahrenen Zollvertreters.

2. Beim Export nach Russland wird Ihr Unternehmen mit folgenden Problemen konfrontiert:

	im- mer	oft	Manch mal	Nie	Keine Angabe
Allgemeine Fragen					
Ware wurde während der Zollabfertigung beschädigt (Beschädigung wurde protokolliert)		1	4	12	4
Ware oder Teile der Ware kam abhanden (Verlust wurde protokolliert)		1	2	13	5
Bestimmungen					
Die Warenpackung entsprach nicht den Bedingungen der RF		1	4	11	4 + kam früher vor
Die Hygienevorschriften wurden bemängelt			2	13	6
Probleme bei der Abfertigung von Waren in der Übergangsperiode der alten Bestimmungen zu den neuen im Bereich der Zertifizierung (zum Beispiel auch höhere Ausgaben für Lagerung			14	3	4

im Zollzwischenlager)				
Zollbeamte fordern einen Konformitätsnachweis für eine Ware, die nach den Bestimmungen keinen benötigt		7	10	4
Zollbeamte weigern sich, den Konformitätsnachweis anzunehmen, unter Berufung auf falsche Angaben zum Produktionsort, zum Produkt, mangelnder Information, Abladung...	-	7	9	4
Ablauf der Zollabfertigung				
Der russische Partner wusste zu wenig über die nach Russland zu exportierende Ware und deshalb kam es zu Missverständnissen bzgl. der benötigten Dokumente	2	6	7	6
Der russische Partner hatte zu wenig Informationen zu den Produkten, die für die Ausstellung der Zolldeklaration nötig waren	2	7	7	5
Sprachprobleme, da alle Dokumente in russischer Sprache eingereicht werden müssen	2	3	11	5

Unterlagen werden am Zoll beanstandet	1	7	9	2	2
Die Zollabgaben entsprachen nicht den Erwartungen (zu hoch)		1	4	7	8
Die Wareneinfuhr wurde wegen der zu hohen Zollabgaben ausgesetzt		2	5	8	6
Das in den Unterlagen angegebene Gewicht der Ware unterscheidet sich vom tatsächlichen	1	3	10	5	2
Die Wareneinfuhr wurden wegen Unstimmigkeiten zwischen der zu deklarierenden Ware und den Unterlagen verweigert			8	9	4
Die Ware wurde als Risikogruppe eingestuft und deshalb aus dem Transportfahrzeug entnommen und gewogen und besichtigt		2	9	7	3
Modernisierungen im Zollsystem der Russischen Föderation					
Ihr Unternehmen muss (künftig) größere Ausgaben/ Unannehmlichkeiten in Kauf nehmen, die sich durch die Änderung des Deklarationsortes bzw. durch Auflösung/Änderung		2	6	7	Je nach Gesetzesänderung passen wir uns an 5

der Zollstelle ergeben					
Sie waren nicht rechtzeitig über die Einführung des neuen Zollkodex informiert (über die Verschiebung der Zollbearbeitung und der Zollkontrolle an Orte in Grenznähe)	1	1	4	7	Wir sind Zollbroker und sitzen somit an der Quelle der Informationen 8
Die Server der Zollbehörde funktionierten nicht		1	5	4	11
„Menschlicher Faktor"					
Zollbeamte bemängelt jede Kleinigkeit			15	2	4
Bürokratische Barrieren auf Seiten der Zollbeamten („Grüner Korridor, Quotensystem der Beamten für Zollverletzungen)		1	8	3	10
Zollbeamte sind korrupt und erwarten Schmiergeld		1	2	5	13
Zu lange Wartezeiten bei der Abfertigung wegen Überlastung des Zollpersonals		2	9	4	6

Anmerkungen:

1. Den menschlichen Faktor würde ich aufgrund dessen, dass wir selbst Zollbroker sind, außer Acht lassen. Die Rhenus agiert zu 100% legal-

welche anderen Unternehmen da solche Erfahrungen gemacht haben, kann ich nicht beurteilen;

2. Wir haben uns aus der Relation Russland verabschiedet. Die russischen Geschäftspartner kennen das Wort der Partnerschaft und Kundenschutz nicht und die aktuelle russische Politik interessiert nur die eigenen Interessen, siehe Konflikt der Drittlandgenehmigung für unsere polnischen Transportunternehmer.

3. Siehe unten Punkt 7;

4. Wie schon oben gesagt (Softwareprobleme) - werden alle Dokumente auf Russisch, wie auch auf Englisch (Deutsch) vom russischen Verkäufer für die Lieferung aus Deutschland angefertigt und der deutsche Exporteur druckt sie nur bei sich aus, unterschreibt sie, drückt seinen Stempel darauf und sendet sie zusammen mit der Ware nach Russland;

5. Keine Angaben;

6. Keine Angaben;

7. Keine Angaben;

8. Keine Angaben;

9. Keine Angaben;

10. Keine Angaben;

11. Keine Angaben;

12. Keine Angaben;

13. Keine Angaben;

14. Keine Angaben;

15. Keine Angaben;

16. Keine Angaben;

17. Keine Angaben;

18. Keine Angaben;

19. Keine Angaben;

20. Keine Angaben;

21. Keine Angaben.

3. Wie beurteilen Sie den neuen Zollkodex von 2010 bzw. die Zollunion von Russland, Belarus und Kasachstan bzgl. Ihres Unternehmens und Ihrer Exporttätigkeit?

1. Wir arbeiten erfolgreich nach diesem Schema;
2. Keine Angaben;
3. Erhöhung der Transportkosten durch Mehrwertsteuer in den Transitländern. Hat Auswirkungen bei Bahntransporten nach Usbekistan und Kasachstan. Auswirkungen i.Z. mit der Verlagerung der Zollämter an die Grenzen können wir noch nicht abschätzen, da der Prozess noch läuft;
4. Positiv, jedoch haben weder die Importeure noch die Zollbeamten ein genaues Verständnis darüber, wie er funktioniert;
5. Keine Angaben;
6. Wir lassen alles durch unsere Agenten abwickeln und haben nur indirekte Kontakte;
7. Keine Angaben;
8. Keine Angaben;
9. Keine Angaben;
10. Keine Angaben;
11. „Neutral";
12. Zollabwicklung wird durch ein externes Unternehmen abgewickelt, deshalb keine Antwort möglich;
13. Keine Angaben;
14. Keine Angaben;
15. Keine Angaben;
16. Keine Angaben;
17. Keine Angaben;
18. Anfängliche Einschränkungen während der Umgestaltungsphase. Derzeit keine negativen Einflüsse und schnelle Abwicklung;
19. Generell positiv, da es zum Beispiel in Hinsicht auf die Registrierung der Produkte die Arbeit erleichtern soll. Es muss nur eine Registrierungsanfrage eingestellt werden, anstatt ursprünglich drei. Allerdings wird der Zollkodex noch nicht vollständig von den Behörden angewendet;
20. Keine Angaben;
21. Keine Angaben.

4. Wie beurteilen Sie die Harmonisierungsbemühungen von Standards und Normen durch die RF?

1. Das wird sich zeigen. Die Erfahrungswerte zeigen bisher kaum Unterschiede im Versand. Da aber nun auch per elektronische Anbindung verzollt werden kann, darf der Kunde mit einem weiterhin gleichbleibenden Service rechnen;

2. Keine Angaben;

3. Unseres Wissens werden die europäischen Normen nur begrenzt anerkannt. Daher TR-Zertifikate notwendig;

4. Positiv, das Wichtigste ist jedoch, dass diese den Europäischen Standards angepasst werden und nicht den amerikanischen - oder noch schlimmer- einer Mischung aus beiden;

5. Keine Angaben;

6. Keine Angaben;

7. Bis dato als ungenügend;

8. Keine Angaben;

9. Keine Angaben;

10. Keine Angaben;

11. Positiv;

12. Keine Angaben;

13. Keine Angaben;

14. Keine Angaben;

15. Keine Angaben;

16. Keine Angaben;

17. positiv;

18. Zum Teil einschränkende Wirkung, da z.B. realitätsfremde Zuordnung zu Materialgruppen;

19. Die Harmonisierung von Standards und Normen werden nur sehr langsam und schwerfällig angetrieben;

20. Keine Angaben;

21. Keine Angaben.

**5. Inwieweit hat der neue Zollkodex von 2010 die Zollabfertigung verein-
facht?**

1. Auch das wird sich zeigen, sobald die Zollämter an die Außengrenze verlagert werden;
2. Keine Angaben;
3. Für uns hat sich nichts zum Positiven geändert;
4. Wir haben keinen großen Unterschied feststellen können;
5. Keine Angaben;
6. Keine Angaben:
7. Wir haben keine Vereinfachungen festgestellt;
8. Keine Angaben
9. Keine Angaben
10. Keine Angaben;
11. Nicht bedeutend;
12. Keine Angaben;
13. Keine Angaben;
14. Keine Angaben;
15. Keine Angaben;
16. Keine Angaben;
17. Die elektronische Deklaration hat positiv auf den Abfertigungspro-
zess gewirkt;
18. Inzwischen nsgesamt schnellere Abwicklung. Möglichkeit zur Bean-
tragung des „AEO"-Status und weitere Beschleunigung der Zollabfertigung;
19. Da der Zollkodex von den einzelnen Behörden praktisch noch nicht
in dem Maße umgesetzt wird, ist zurzeit eine wirkliche Vereinfachung
noch nicht zu erkennen,
20. Keine Angaben;
21. Keine Angaben.

6. Welche weiteren Reformen wären wünschenswert?

1. Keine Angaben;
2. Keine Angaben;
3. Vereinfachung der Zollformalitäten, Vorabverzollung wie z.B. in der Ukraine. (PP-Nummer);

4. Für legale Importeure, die eine Lieferliste aus Deutschland (Europa) hat, die Versanddokumentation zu erleichtern und dies im Zusammenhang mit der Valuta-Gesetzgebung der RF zu lösen, da die Abteilung der Valutakontrolle der RF-Banken keine Lieferzahlungen nach Europa ohne Vorlage einer Kopie der Dokumente, die den Fakt der Lieferung und der Warendeklaration der Ware in der RF bestätigen, zulassen;

5. Keine Angaben;

6. Klare Regelung für den Export nach RF, Lieferungen auch wieder on Print;

7. Keine Angaben;

8. Keine Angaben;

9. Keine Angaben;

10. Keine Angaben;

11. Keine Angaben;

12. Keine Angaben;

13. Keine Angaben;

14. Einheitliche, nachvollziehbare Richtlinien, keine Willkür der Zollbeamten;

15. Keine Angaben;

16. Keine Angaben;

17. Keine Angaben;

18. Berücksichtigung der Mehrwegbehälterkreisläufe Ein-Und Ausfuhr. Reform der Sanitätsbestimmungen für Mehrwegbehälter Holz;

19. Beschleunigung der Registrierungen von neuen Produkten. Zum Vergleich: Innerhalb der EU ist der Registrierungsprozess in ca. 3 Monaten abgeschlossen. In Russland sind es 6-12 Monate;

20. Keine Angaben;

21. Keine Angaben.

7. Wie lösen Sie die Probleme?

	Ja	Nein	KA
Versuch, Ware mit ExWorks zu liefern	4	5	6
Export nach Russland wird von russisch sprechenden Mitarbeitern organisiert	9	3	4
Enge Zusammenarbeit mit dem Kunden bei der Durchführung des Exports	8	3	5
Enge Zusammenarbeit mit der Deutschen Außenhandelskammer, der deutschen Botschaft oder ähnlichen Organisationen	1	10	5
Exportorganisation wird komplett an russische Zollbroker abgegeben	t/w+5	4	6
Exportorganisation wird komplett vom deutschen Spediteur organisiert	4	7	5
Ware wird gezielt immer nur über eine Zollabfertigungsstelle ausgeführt, so dass man dort bereits mit der Firma und der Ware bekannt ist	9	3	4
Ware wird über einen anderen Mitgliedsstaat der Zollunion (Belarus, Kasachstan) eingeführt, was die Durchführung erleichtert	2	7	7
Andere Lösungswege: bitte angeben: 3. siehe unten			

Anmerkungen:

1. Auch hier kann ich Ihnen die Antwort nicht bieten, die Sie gerne hätten, da wir wie schon genannt ein Transportunternehmen und auch Zollbro-

ker sind und auch EXW-Verladungen tätigen sowie Probleme durch unseren Broker lösen;

2. Keine Angaben;

3. Zu Versuch, Ware mit ExWorks zu liefern: dann haben wir als Unternehmen ein Mehrwertsteuerproblem;

Zu Exportorganisation: wird komplett vom deutschen Spediteur organisiert - viel zu teuer, bezahlt niemand. Durch unsere Büros in RL werden alle Exportdokumente vor Lieferung dem Kunden zur Verfügung gestellt. Diese werden dann dem russischen Zoll/Zollbroker zur Prüfung übergeben, so dass bis zur Auslieferung der Ware vollständig abgestimmte Dokumente vorliegen. Dennoch gibt es bei Eintreffen der Ware im Zolllager des Kunden mitunter Nachforderungen des Zolls. Jedes Geschäft ist einzeln zu betrachten und lässt sich nur im engen Kontakt mit den Kunden realisieren;

Zu Punkt 7.1. Es ist nicht ausreichend, russischsprachige Mitarbeiter in Deutschland zu haben, sondern sie müssen auch noch auf dem Laufenden sein über die russischen Änderungen. Deshalb müssen die Russen der Importeure in Russland mit den Russen in Deutschland in Kontakt stehen. Russischsprachige Mitarbeiter der Exporteure sollen aus den GUS-Ländern sein oder mindestens 3 Jahre in Russland gelebt haben, um die „Probleme" die es in Russland mit der Bürokratie gibt, verstehen zu können;

Zu Punkt 7.7. Zollposten werden ständig geschlossen und verlegt (wegen der endlosen Reform im Zollwesen der RF) so dass man ständig von Neuem beginnen muss;

Zu Punkt 7.8. Einige Russische Importeure nehmen solche Schemata in Anspruch (mittlere und große Unternehmen);

4. Keine Angaben;

5. Keine Angaben;

6. Keine Angaben;

7. Keine Angaben;

8. Keine Angaben;

9. Keine Angaben;

10. Keine Angaben;

11. Keine Angaben;

12. Keine Angaben;
13. Keine Angaben;
14. Keine Angaben;
15. Keine Angaben;
16. Keine Angaben;
17. Keine Angaben;
18. Keine Angaben;
19. Keine Angaben;
20. Keine Angaben;
21. Keine Angaben.

AUSSENHANDELSPOLITIK UND -PRAXIS

Herausgegeben von Prof. Dr. Jörn Altmann

ISSN 1614-3582

Abonnement

Hiermit abonniere ich die Reihe **Außenhandelspolitik- und praxis (ISSN 1614-3582)**, herausgegeben von Prof. Dr. Jörn Altmann,

☐ ab Band # 1

☐ ab Band # ___

   ☐ Außerdem bestelle ich folgende der bereits erschienenen Bände:

   #___, ___, ___, ___, ___, ___, ___, ___, ___, ___, ___, ___

☐ ab der nächsten Neuerscheinung

   ☐ Außerdem bestelle ich folgende der bereits erschienenen Bände:

   #___, ___, ___, ___, ___, ___, ___, ___, ___, ___, ___, ___

☐ 1 Ausgabe pro Band   ODER   ☐ ___ Ausgaben pro Band

Bitte senden Sie meine Bücher zur versandkostenfreien Lieferung innerhalb Deutschlands an folgende Anschrift:

Vorname, Name: _____

Straße, Hausnr.: _____

PLZ, Ort: _____

Tel. (für Rückfragen): _____ *Datum, Unterschrift:* _____

Zahlungsart

☐ *ich möchte per Rechnung zahlen*

☐ *ich möchte per Lastschrift zahlen*

bei Zahlung per Lastschrift bitte ausfüllen:

Kontoinhaber: _____

Kreditinstitut: _____

Kontonummer: _____ Bankleitzahl: _____

Hiermit ermächtige ich jederzeit widerruflich den *ibidem*-Verlag, die fälligen Zahlungen für mein Abonnement der Reihe **Außenhandelspolitik und -praxis** von meinem oben genannten Konto per Lastschrift abzubuchen.

Datum, Unterschrift: _____

Abonnementformular entweder **per Fax** senden an: **0511 / 262 2201** oder 0711 / 800 1889 oder als **Brief** an: *ibidem*-Verlag, Julius-Leber Weg 11, 30459 Hannover oder als **e-mail** an: **ibidem@ibidem-verlag.de**

ibidem-Verlag

Melchiorstr. 15

D-70439 Stuttgart

info@ibidem-verlag.de

www.ibidem-verlag.de
www.ibidem.eu
www.edition-noema.de
www.autorenbetreuung.de

www.ingramcontent.com/pod-product-compliance
Lightning Source LLC
Chambersburg PA
CBHW061325220326
41599CB00026B/5031